墨香财经学术文库

"十二五"辽宁省重点图书出版规划项目

U0656664

Research on

Work-Family Enrichment
Based on Perceived Organizational Family Support

工作与家庭增益问题研究

基于感知的组织家庭支持

王隽 ◎ 著

东北财经大学出版社
Dongbei University of Finance & Economics Press

大连

图书在版编目（CIP）数据

工作与家庭增益问题研究：基于感知的组织家庭支持 / 王隽著. 一大连：东北财经大学出版社，2016.7

（墨香财经学术文库）

ISBN 978-7-5654-2373-4

Ⅰ．工… Ⅱ．王… Ⅲ．家庭社会学-研究 Ⅳ．C913.11

中国版本图书馆CIP数据核字（2016）第149875号

东北财经大学出版社出版发行

　　大连市黑石礁尖山街217号　　邮政编码　　116025

　　教学支持：（0411）84710309

　　营 销 部：（0411）84710711

　　总 编 室：（0411）84710523

　　网　　　址：http：//www．dufep．cn

　　读者信箱：dufep @ dufe．edu．cn

大连图腾彩色印刷有限公司印刷

幅面尺寸：170mm×240mm　字数：163千字　印张：11.5　插页：1
2016年7月第1版　　2016年7月第1次印刷
责任编辑：李 彬　孙晓梅　杜 峥　　责任校对：石建华　王 莹
　　　　　吴 茜　刘慧美　　　　　　　　　曲以欢
封面设计：冀贵收　　　　　　　　　版式设计：钟福建
定价：38.00元

前言

　　雇佣观念的转变以及生活压力的增大等原因使得男、女双方均工作的"双职工"家庭日益普遍，人们正面临着前所未有的管理工作职责和家庭责任的挑战。在过去，有关此问题的探讨一直聚焦在工作-家庭冲突这一消极工作-家庭关系结果上，而近年来，由于积极心理学的强势兴起，越来越多的研究者开始意识到在工作角色与家庭角色之间的积极协同关系，由于工作-家庭增益的构念较为具体且注重员工个人层次的绩效而被诸多学者一致认可。那么，在中国情境下，感知的组织家庭支持对员工工作-家庭增益的关系如何？其具体的作用机制是什么？两者之间存在哪些调节效应？这些都是需要从理论和实证上回答的极其重要的问题。

　　本书基于对分布于北京、天津、上海、大连、沈阳、石家庄及太原等地国有企业、民营企业和外资企业中的787名员工的问卷调查，应用结构方程和多层回归分析等统计分析的实证研究方法，探讨了感知的组织家庭支持对因变量员工工作-家庭增益的直接影响效应，阐述了心理资源和积极情感对感知的组织家庭支持和员工工作-家庭增益之间关系的中介效用，以及工作–家庭分割偏好对感知的组织家庭支持和员工工作–家庭增益之间关系的调节效用。

本书从积极组织行为学的角度，发现了感知的组织家庭支持的两个维度对员工工作–家庭增益两个增益方向的影响存在差异，证明了心理资源和积极情感在感知的组织家庭支持与员工工作–家庭增益之间具有中介影响效应，揭示了工作–家庭分割偏好在感知的组织家庭支持与员工家庭–工作增益之间的调节作用，具有研究新意。

基于上述思考，本书立足于感知的组织家庭支持、工作–家庭增益双路径模型、心理资源和积极情感等国际研究前沿问题，应用实证研究方法，围绕"感知的组织家庭支持如何影响员工工作–家庭增益"这一核心问题展开分析。

本书是在我的博士论文基础上改编而成的。感谢东北财经大学出版社各位编辑为本书付出的辛勤工作，也感谢我所在单位——大连东软信息学院的领导和同学在工作中的支持与帮助。

王　隽

2016 年 5 月

目录

1 绪论

1.1 研究背景与意义

1.1.1 研究背景

随着家庭结构的变化、现代技术的发展以及全球化和市场竞争的加剧，管理工作与家庭之间的关系日益复杂，甚至面临着某种"危机"（Beauregard，2006）。例如，对于男、女双方均工作的"双职工"家庭而言，他们同时面临着照顾老人和孩子的双重责任；女性职工日益增多，加之单亲家庭逐渐增多，使得每个个体都有日益升级的时间需求（Kinnunen et al.，2004；Aryee et al.，2005）。已有大量研究关注了工作与家庭之间的消极结果，即工作-家庭冲突，并发现这一消极结果会带来较低的工作满意度（Bruck et al.，2002）、较高的离职率（Haar，2004；Greenhaus et al.，2001）以及较高水平的压力和焦虑（Wang，2006；Grzywacz et al.，2006）等更多消极结果。在实践中，企业管理者也在努力帮助其员工寻求工作与家庭之间的平衡，为此，他们设计了弹性工作时间表、远程办公、较短的工作时间以及婴儿看护计划等工作－家庭友好方案，旨在增加高水平员工的雇佣率和保有率（Carlivati，2007），提高员工的组织承诺（Haar & Spell，2004）以及减少离职率等（Pasewark & Viator，2006；Grandey et al.，2005）。对于组织而言，这些工作－家庭友好方案是增强竞争力、提高士气并在激烈竞争中保有专有劳动力数量的重要手段；对于员工而言，这些工作－家庭友好方案的初衷在于帮助员工减少在平衡工作－家庭等多种生活角色时的困难。

尽管在企业实践中有诸多政策，但是有关工作－家庭关系的研究仍然发现，企业实践提供的这些政策虽然能够帮助员工减少管理多种角色的困难，并因此而提高他们的生活质量（Eby et al.，2005），但同时，研究者也指出这些政策的关键之处在于能否帮助员工平衡他们在家庭与工作之间的角色（Goodstein，1994；Hand & Zawacki，1994；Judge et al.，1994；Osterman，1995）。这就意味着，这些正式组织家庭支持政策虽然重要但不足以帮助员工处理工作－家庭关系问题（Kossek & Ozeki，1998，1999；Thompson et al.，1999；Eaton，2003），还存在诸多弊端和不完善之处。例如，Kofodimos（1995）和 Shellenbarger（1992）发现，工作－家庭友好项目和政策不能真正影响和触及组织的规章制度和价值观念，这会导致员工由于缺乏来自主管的正式支持等而不能够使用这些工作－家庭友好项目；类似地，如果哪名员工应用了此种福利政策，就会很明显地显示出他对家庭和生活方面较为重视，而这会让其他人认为他缺乏对组织的忠诚和承诺（Allen & Russel，1999；Fletcher & Bailyn，1996）。Lobel & Kossek（1996）和 Galinsky & Stein（1990）等学者针对此问题提出了更为详细和深入的观点。Lobel & Kossek（1996）认为，工作－家庭友好项目能够为员工提供的福利并不足以应对员工所关心的事宜，除非这些工作－家庭友好项目同时伴有有关工作与家庭关系的组织规章制度和价值观的变革；Galinsky & Stein（1990）认为，公司氛围对于家庭友好政策的执行至关重要。

由前文可知，正式的工作－家庭支持政策并未真正发挥促进员工积极工作-家庭关系的实现的作用,因为员工通常认为组织并未为这些政策的执行做出相应的文化上的改变。为此,学者们对相关问题进行了更为深入的研究,并得出诸多有益的结论。Kossek et al.（2006）发现,能够真正决定员工幸福感的因素是员工自己本身的知觉（perceptions）,例如关于弹性和工作控制的知觉等,这是因为,员工只能通过这些知觉来感受企业中的组织家庭支持环境到底如何,并采取与此相对应的行为；同时,学者们也认为,员工对于远程办公的感受或许在减少工作-家庭冲突方面比那些描述性的政策措施更有效用。因而,无论这些旨在促进员工工作-家庭关系友好发展的论述性政策存在与否,员工关于组织是如何重视和评价自己的观点或信念已经形成。Kossek et al.（2006）将这称为"潜在信息"（Underlying Message）,是员工对于组织支持感知的重要考虑因素。Haar & Spell（2004）指出,企业中工作-家庭实践与员工工作态度的关系取决于员工有关工作-家庭实践知识的感知。与 Kossek et al.（2006）的观点类似,Lambert（2000）发现,工作-家庭实践的有效性能够预测感知的组织支持和员工的组织公民行为。进一步地,Allen（2001）发现,现有的某一特定工作-家庭项目对员工工作态度的影响很小,远不及员工对组织支持整体感知的影响大。

上述研究均表明了组织支持感知的重要性,正如 Behson（2005）认为的那样,只有真正在工作-家庭实践中投入时间和精力,并就此营造出真正的氛围和管理技巧才能从中受益。越来越多有关工作-家庭关系问题的研究开始把重点放在员工有关组织工作-家庭友好的认知上,这是因为,如果不被员工认知和感受,组织即使提供再多的工作-家庭友好政策,也不能达到预期的目的和效果。在学术上,用来衡量员工个人对组织工作-家庭友好认知的构念被称为感知的组织家庭支持（Perceived Organizational Family Support,POFS）或家庭支持组织感知（Family-Supportive Organization Perceptions,FSOP）。随着企业的全球化发展,员工多样性越来越普遍,而由于文化差异等原因,对不同员工所采用的组织家庭支持政策也应存在差异,因此,探讨员工感知的组织家庭支持这一颇具员工主观和个性特征的构念就显得十分必要和重要,因为这一构念聚焦于企业为平衡其员工工作-家庭职责提供潜在的信息（Kossek et al.，2006）。

1.1.2 研究意义

首先，目前关于工作-家庭增益前因变量的探讨主要集中在组织支持、工作投入、工作自由度、工作控制和工作弹性等工作资源方面，心理卷入、人际交往风格以及自我效能感等个体特征方面，以及包括上级支持、时间要求和职业鼓励三个维度的工作-家庭文化等组织特征方面（Hill et al.，2007；Grzywacz & Butler，2005；Thompson & Protas，2005；Butler et al.，2005；Cohen & Kirchmeyer，1995；Grzywacz et al.，2002；Grzywacz & Marks，2000；杨洁等，2012；朱农飞、周路路，2010），而缺乏对能够衡量员工主观个体特征因素的探讨。然而，对这类因素的探讨无疑能够进一步丰富和拓展有关工作-家庭增益的研究，更能为组织采取相应促进员工积极工作-家庭关系实现的具体措施提供理论依据。

其次，目前有关组织促进员工积极工作-家庭关系实现方面的研究主要集中在对政策的制定与使用方面，而缺乏对员工有关这类政策主观感知的研究。即便有少数学者探讨了感知的组织家庭支持问题，但也仅限于其与工作-家庭冲突等消极工作-家庭结果关系的探讨，尚未涉及其与积极工作-家庭关系结果变量影响的研究。如今，积极的工作-家庭关系已受到诸多学者和企业管理者的重视，而且组织为了促进员工积极工作-家庭关系的实现而设计了诸多工作-家庭友好政策，但学者们并未发现这些政策起到了真正的作用。如 Wayne et al.（2006）就发现，这些政策的使用与员工工作-家庭增益之间并没有显著的相关关系。Haar & Spell（2004）指出，企业中工作-家庭实践与员工工作态度的关系取决于员工有关工作-家庭实践知识的感知。换言之，真正能够促进员工积极工作-家庭关系实现的是员工主观上关于组织内部家庭支持政策的感受，而非简单要求后者客观存在。对这些内容的探讨能够从根本上解决过去工作-家庭友好政策无效的问题，具有重要的理论价值和实践意义。

再次，从目前有关员工积极工作-家庭关系的研究来看，主要从主效应，即直接效应出发来探讨，而缺乏对其相关中介机制和调节机制的研究。尽管工作-家庭增益双路径模型在理论上为学者们提供了诸多可供参考的中介变量和调节变量，但遗憾的是，鲜有学者对此模型提供相应变量检验。此外，从实证研究来看，目前在工作-家庭关系的研究中，对个体差异的关注严重不足（Eby et al.，2005）。因而，对工作-家庭增益双路径模型中介变量的实证检验以及对个体特征因素调节作用的探讨无疑都具有重要的价值。

最后，目前无论是对感知的组织家庭支持的相关研究，还是对工作-家庭增益有关问题的探讨，绝大多数均在美国等西方国家背景下进行，因而研究者亟需在其他背景下对相关问题进行探讨（Powell、Francesca & Ling，2009）。尤其是对感知的组织家庭支持这类研究，国内学者还处于探索阶段，尚停留在感知的组织支持这类扩大化的感知的组织家庭支持的研究上。那么，在中国情境下，感知的组织家庭支持、工作-家庭增益等变量是否具有适用性？其信度和效度如何？感知的组织家庭支持能够真正起到促进员工工作-家庭增益的作用，是仅能够在工作对家庭增益方向上起作用，还是只在家庭对工作增益方向上有效用，抑或能够同时促进？若这一直接效应存在，其具体作用机理如何，即通过何种机制发生作用？这种关系会因个体差异等特征的不同而呈现不同的特点吗？这些问题亟需国内学者做出理论和实证的回答。对上述问题的研究不仅能够为国内学者有关感知的组织家庭支持研究起到"抛砖引玉"的作用，同时也能够弥补感知的组织家庭支持和工作-家庭增益两个变量独立研究的不足。

综上，本书拟以我国企业员工为研究对象，立足于工作-家庭增益双路径模型，探讨能够衡量员工对组织家庭支持感知的组织家庭支持变量、对衡量员工积极工作-家庭关系的工作-家庭增益变量的具体影响机制，并选定工作-家庭增益双路径模型中两个关键变量——心理资源和积极情感——作为中介变量，选定能够衡量员工对于工作域与家庭域分割偏好这一个体特征的工作-家庭分割偏好作为调节变量，进而探讨自变量感知的组织家庭支持对因变量工作-家庭增益的直接影响、中介变量心理资源和积极情感在自变量感知的组织家庭支持与因变量工作-家庭增益之间的中介效应，以及调节变量工作-家庭分割偏好在自变量感知的组织家庭支持与因变量工作-家庭增益之间的调节作用。

1.2 研究目标与研究内容

1.2.1 研究目标

工作域与家庭域是员工生活中最为重要的两个核心领域，然而，近年来，随着传统雇佣观念的转变，双职工家庭逐渐增多，通信技术迅猛发展，每一名员工都同时面临着工作职责与家庭责任（O'Driscoll et al.，2004；Greenhaus & Singh，2004）。对二者关系进行探讨，尤其是如何促进积极工作-家庭关系的实现对于个体和组织而言都至关重要。与此同时，工作场所的社会支持中旨在帮助员工平衡其工作职责和家庭角色的一项特殊性支持，即感知的组织家庭支持日益受到企业管理者和学者们的重视。

基于此，本书首先要回答的一个极其重要的核心问题就是：在中国情境下，感知的组织家庭支持能否促进员工工作域与家庭域积极关系结果的发生？换言之，对于中国企业员工而言，感知的组织家庭支持能否真正带来员工工作-家庭增益？其具体的作用机理如何？这是本书的主要研究目标。

在确定本书主要研究目标的同时，仍需进一步研究和探讨如下具体问题：

第一，现有关于本书的几个核心变量，即感知的组织家庭支持、工作-家庭增益、积极情感、心理资源和工作-家庭分割偏好的研究大多数均在西方国家背景下进行，那么，这些变量的成熟量表是否也适用于我国企业员工？

第二，Greenhaus & Powell 于 2006 年提出了工作-家庭增益双路径模型，那么，感知的组织家庭支持对员工工作-家庭增益的作用机理是通过工具性路径还是情感性路径发生的？更为具体地，心理资源和积极情感两个变量能否在感知的组织家庭支持与员工工作–家庭增益之间具有中介作用？

第三，如前文所说，本书选定能体现员工个体特征的工作–家庭分割偏好为调节变量，但这一调节变量能否在自变量感知的组织家庭支持和因变量工作–家庭增益之间具有调节作用？进一步地，这一调节作用是仅在工作对家庭增益方向上发生，还是仅在家庭对工作增益方向上发生，抑或能够在工作对家庭增益和家庭对工作增益两个方向上同时发生？

1.2.2 研究内容

根据前文，本研究选定包括有形支持（Tangible Support）和无形支持（Intangible Support）两个维度的感知的组织家庭支持为自变量，包括工作对家庭增益（Work to Family Enrichment）和家庭对工作增益（Family to Work Enrichment）两个方向的工作–家庭增益（Work-Family Enrichment，WFE）为因变量，心理资源（Psychological Resources）和积极情感（Positive Affect）为中介变量以及工作–家庭分割偏好（Work-Family Segmentation Preference，WFSP）为调节变量，分析上述几个变量之间的实证关系。据此，本书的研究模型如图 1–1 所示。

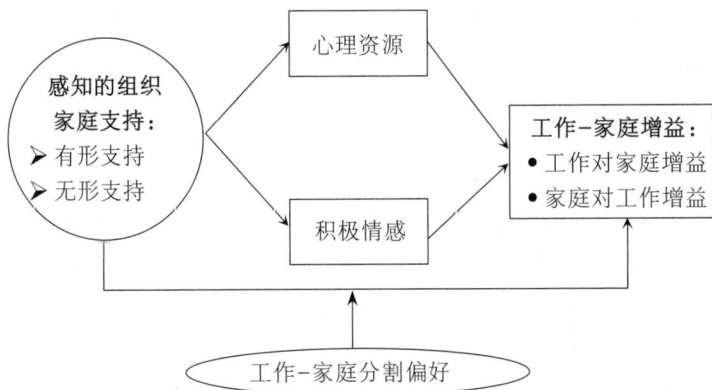

图 1–1　研究概念框架图

根据图 1–1，本书的研究内容可具体化如下：

（1）有关量表修订的基础性研究内容。现有关于本研究的几个核心变量，即感知的组织家庭支持、积极情感、心理资源、工作-家庭增益以及工作-家庭分割偏好均主要是在西方企业背景下进行的，虽然各变量均有成熟的测量量表，但能否适用于我国企业员工，换言之，能否适用于中国情境仍有待进一步验证。为此，本书首先要通过信度和效度分析对感知的组织家庭支持量表、积极情感量表、心理资源量表、工作-家庭增益量表以及工作-家庭分割偏好量表进行中国情境下的检验。

（2）有关三大关系的核心研究内容。这部分是全书的核心内容。根据本书的概念模型，感知的组织家庭支持为自变量，员工工作-家庭增益为因变量，心理资源和积极情感为中介变量，工作-家庭分割偏好为调节变量，而本书要进行的三大关系研究即是对上述自变量、因变量、中介变量以及调节变量之间的实证关系进行探讨。

一是自变量感知的组织家庭支持对因变量员工工作-家庭增益的直接影响效应研究。这一直接影响效应研究包括感知的组织家庭支持中有形支持维度分别对员工工作对家庭增益和家庭对员工工作增益的直接影响效应研究、感知的组织家庭支持中无形支持维度分别对员工工作对家庭增益和家庭对员工工作增益的直接影响效应研究。

二是心理资源和积极情感对感知的组织家庭支持和员工工作-家庭增益之间关系的中介效用研究。与上文自变量对因变量直接影响效应的研究模式类似，此部分研究内容也分工作对家庭增益和家庭对工作增益两个方向进行。具体内容包括：一方面是在员工工作对家庭增益方向上的研究内容，即心理资源对感知的组织家庭支持中有形支持维度和员工工作对家庭增益之间关系的中介作用研究、心理资源对感知的组织家庭支持中无形支持维度和员工工作对家庭增益之间关系的中介作用研究、积极情感对感知的组织家庭支持中有形支持维度和员工工作对家庭增益之间关系的中介作用研究、积极情感对感知的组织家庭支持中无形支持维度和员工工作对家庭增益之间关系的中介作用研究，以及两个中介变量心理资源和积极情感在感知的组织家庭支持和员工工作对家庭增益关系之间的联合中介作用研究；另一方面是在家庭对工作增益方向上的研究内容，即心理资源对感知的组织家庭支持中有形支持维度和员工家庭对工作增益之间关系的中介作用研究、心理资源对感知的组织家庭支持中无形支持维度和员工家庭对工作增益之间关系的中介作用研究、积极情感对感知的组织家庭支持中有形支持维度和员工家庭对工作增益之间关系的中介作用研究、积极情感对感知的组织家庭支持中无形支持维度和员工家庭对工作增益之间关系的中介作用研究，以及两个中介变量心理资源和积极情感在感知的组织家庭支持和员工家庭对工作增益关系之间的联合中介作用研究。

三是工作-家庭分割偏好在感知的组织家庭支持和员工工作-家庭增益之间关系的调节效用研究。这一部分内容的研究模式与前文所述关于自变量对因变量直接影响效应的研究模式以及中介变量在自变量与因变量关系间的中介影响效应研究模式类似，均分工作对家庭增益和家庭对工作增益两个方向进行。具体包括：工作-家庭分割偏好对感知的组织家庭支持中有形支持维度和员工工作对家庭增益之间关系的调节作用研究、工作-家庭分割偏好对感知的组织家庭支持中无形支持维度和员工工作对家庭增益之间关系的调节作用研究，以及工作-家庭分割偏好对感知的组织家庭支持中有形支持维度和员工家庭对工作增益之间关系的调节作用研究、工作-家庭分割偏好对感知的组织家庭支持中无形支持维度和员工家庭对工作增益之间关系的调节作用研究。

（3）有关管理启示的对策研究内容。这是根据前文的实证研究结果，基于员工工作-家庭分割偏好这一个体特征及个体所处岗位性质、年龄等诸多因素，对其工作域与家庭域的关系进行干预，从而促进其实现更高水平的积极工作-家庭关系，即工作-家庭增益。换言之，就是要基于本书的实证研究结果，为我国企业员工工作-家庭关系的管理提供参考和借鉴。

1.3 研究思路与研究方法

1.3.1 本书的整体思路

第1章绪论。这是本书的起始章节，首先对本书的研究背景与研究意义进行了阐述，接着对本书的研究目标和研究内容进行了描述，与此同时，说明了本书的结构安排和技术路线，阐明了本书所应用的主要研究方法和主要创新点。

第2章感知的组织支持对工作-家庭增益影响研究的理论基础。这一章分别对本书所涉及的几个主要变量，即自变量感知的组织家庭支持、中介变量心理资源和积极情感、因变量工作-家庭增益以及调节变量工作-家庭分割偏好的内涵及前因后果研究进行了回顾和述评，并就此提出了本书的理论研究基础。

第3章相关量表在中国情境下的检验。本章通过信度和效度分析，对感知的组织家庭支持量表、心理资源量表、积极情感量表、工作-家庭增益量表以及工作-家庭分割偏好量表进行了中国情境下的检验。我们应用SPSS软件、AMOS软件分别对Jahn et al.（2003）开发的9题项感知的组织家庭支持量表、Powell & Chen（2012）开发的9题项心理资源量表及Watson（1988）开发的10题项积极情感量表、Carlson et al.（2006）开发的9题项工作对家庭增益量表和9题项家庭对工作增益量表以及Kreiner（2006）编制的4题项工作-家庭分割偏好量表进行了信度和效度检验。

第4章感知的组织家庭支持对员工工作-家庭增益的直接影响效应。本章对自变量对因变量的直接影响效应进行了探讨，具体来说，首先构建了感知的组织家庭支持对员工工作-家庭增益影响效应的概念模型，并在前文文献述评的基础上提出了本章的研究假设，进而基于前文问卷调查所获得的数据，应用AMOS软件分别对感知的组织家庭支持的两个维度（有形支持和无形支持）对工作-家庭增益的两个方向（工作对家庭增益和家庭对工作增益）的直接影响效应进行了结构方程分析，即分别对有形支持对员工工作对家庭增益的直接影响效应、有形支持对员工家庭对工作增益的直接影响效应、无形支持对员工工作对家庭增益的直接影响效应，以及无形支持对员工家庭对工作增益的直接影响效应进行了结构方程分析。

第5章心理资源和积极情感对感知的组织家庭支持与员工工作-家庭增益关系的中介作用。本章对两个中介变量在自变量和因变量之间关系的中介作用进行了研究，具体来说，分别构建了心理资源的中介效用概念模型和积极情感的中介效用概念模型，并在前文文献述评的基础上提出了本章的研究假设，进而基于前文问卷调查所获得的数据，应用 AMOS 软件分别对心理资源在感知的组织家庭支持与员工工作对家庭增益之间的中介作用、积极情感在感知的组织家庭支持与员工工作对家庭增益之间的中介作用、心理资源和积极情感在感知的组织家庭支持与员工工作对家庭增益之间的联合中介作用，以及心理资源在感知的组织家庭支持与员工家庭对工作增益之间的中介作用、积极情感在感知的组织家庭支持与员工家庭对工作增益之间的中介作用、心理资源和积极情感在感知的组织家庭支持与员工家庭对工作增益之间的联合中介作用进行了结构方程分析。

第 6 章工作-家庭分割偏好对感知的组织家庭支持与员工工作-家庭增益关系的调节作用研究。本章对调节变量在自变量和因变量之间关系的调节作用进行了研究，具体来说，首先构建了工作-家庭分割偏好的调节作用概念模型，并在前文文献述评的基础上提出了本章的研究假设，进而基于前文问卷调查所获得的数据，应用 SPSS 软件对工作-家庭分割偏好在感知的组织家庭支持与员工工作对家庭增益之间的调节作用，以及工作-家庭分割偏好在感知的组织家庭支持与员工家庭对工作增益之间的调节作用进行了分析。

第 7 章研究结论与管理启示。本章在前 6 章的基础上，总结了本书的主要研究结论，阐述了本书的研究启示及相关理论贡献和实践意义，分析了研究局限，展望了未来的研究方向。

本书的研究思路如图 1-2 所示。

1.3.2 本书的研究方法

一是文献梳理方法。本书主要探讨的是自变量感知的组织家庭支持对因变量员工工作-家庭增益的影响机理，而对相关文献的梳理则为这一核心研究议题提供了坚实的理论支撑，这主要表现在文献梳理不但能够为本书的研究议题提供理论研究的可行性，而且为本书研究假设的提出奠定了基础。

二是问卷调查方法。这一方法即指通过向调查对象发放统一的问卷以了解情况或征询意见，主要适用于探究具有普遍性的科学原理。此

```
┌─────────────────────┐
│    1   绪论          │
└─────────────────────┘
```

```
┌──────────────────────┐    ┌──────────────────────┐
│ 2  感知的组织支持对工作- │    │ 3   相关量表在        │
│ 家庭增益影响研究的理论基础 │    │ 中国情境下的检验      │
└──────────────────────┘    └──────────────────────┘
```

```
⬭ 4   感知的组织家庭支持对员工工
    作-家庭增益的直接影响效应 ⬭
```

```
⬭ 5   心理资源和积极情感对感知的组织家
    庭支持与员工工作-家庭增益关系的
           中介作用 ⬭
```

```
⬭ 6   工作-家庭分割偏好对感知的组织家
    庭支持与员工工作-家庭增益关系的
           调节作用研究 ⬭
```

```
┌─────────────────────────┐
│   7   研究结论与管理启示   │
└─────────────────────────┘
```

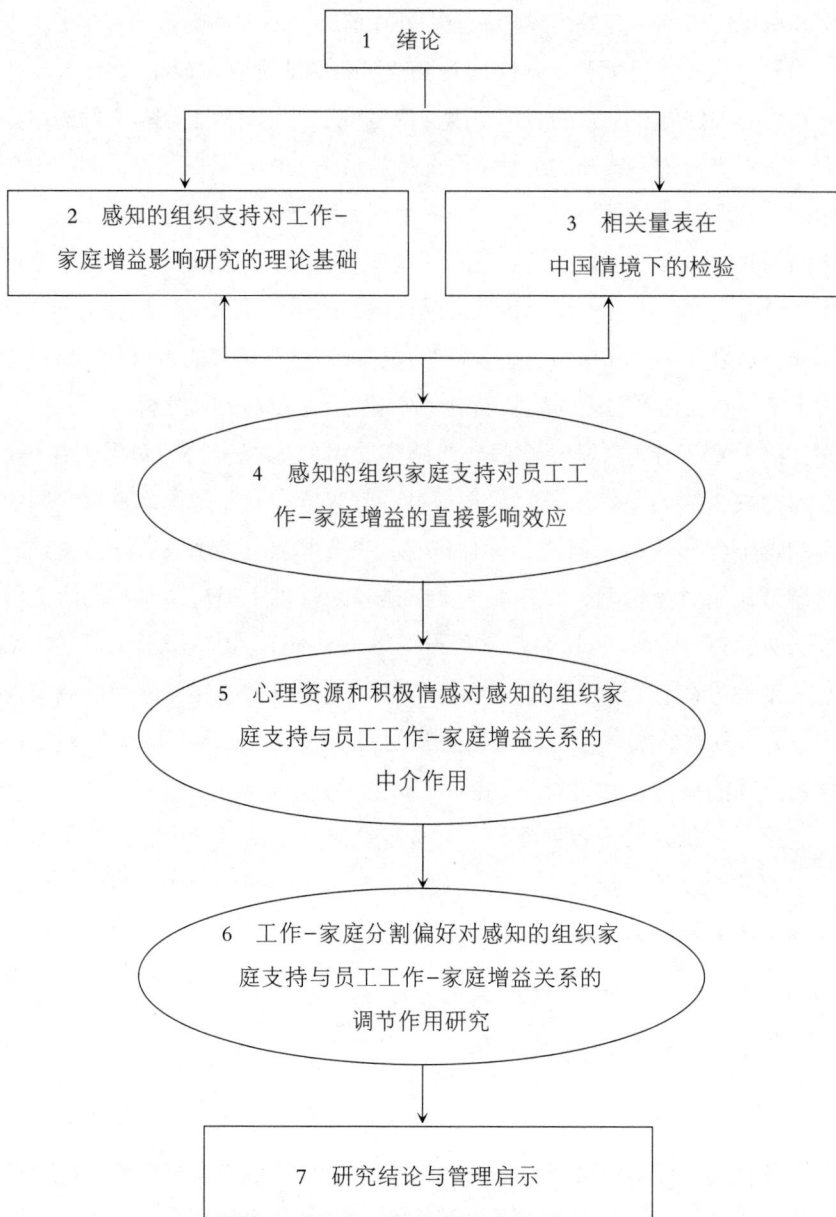

图 1-2　本书的研究思路

外，根据林忠等（2013）的观点，以问卷调查为基础的定量研究方法已极为规范，尤其是近几年，多时点、多层次、多研究及纵向研究相结合的发展研究设计，已然成为定量研究的主流。加之本书所涉及的几个核心变量均有成熟的测量量表，因而，本书采用这一研究方法来探讨感知的组织家庭支持对员工工作-家庭增益影响这一具有普遍适用性的研究议题。

三是回归分析方法。本书一项重要的研究内容是探讨工作-家庭分割偏好在自变量感知的组织家庭支持和因变量工作-家庭增益之间的调节作用，而调节变量的检验方法就是层次回归，因而，本书采用这一方法检验工作-家庭分割偏好的调节作用。

四是结构方程方法。这一研究方法可同时分析多个自变量、因变量及中介变量等发展结构关系，本书所涉及的自变量感知的组织家庭支持包括有形支持和无形支持两个维度，因变量工作-家庭增益包括工作对家庭增益和家庭对工作增益两个方向，且每个方向包括三个维度，因而，感知的组织家庭支持、工作-家庭增益是具有多维度的潜变量，由此构成的复杂模型结构正适合采用结构方程方法进行分析。

2 感知的组织支持对工作-家庭增益影响研究的理论基础

2.1 感知的组织家庭支持相关研究回顾

2.1.1 感知的组织家庭支持的内涵

感知的组织家庭支持（Perceived Organizational Family Support，简称 POFS），又称家庭支持型组织感知（Family Supportive Organization Perceptions，简称 FSOP），具体指对能够决定员工对企业工作-家庭实践反应的整体环境的感知（Allen，2001）[①]。从构念内涵可以看出，感知的组织家庭支持属于整体构念，为了研究的需要和方便测量，Jahn et al.（2003）对其内涵进行了进一步发展，将其分为两个维度：一是有形支持（Tangible Support），即指对工具性支持和信息性家庭支持的感

[①] 由于大多数研究将其称为感知的组织家庭支持，故在本研究中也采用这一做法，后文统一将此构念称为感知的组织家庭支持。

知；二是无形支持（Intangible Support），即指对情感性家庭支持的感知。

为了更好地理解家庭支持型组织感知的构念，应明确其与家庭支持型工作氛围以及社会支持概念之间的关系，这是因为，前者构念的提出是以后两者构念为基础的，且前者的内涵在很大程度上进一步拓展了后两者构念的内涵。具体而言：

（1）感知的组织家庭支持，是家庭支持型工作氛围（Family-supportive Work Environments）的一部分，前者概念的提出对后者的内涵进行了进一步的延伸和拓展。Thomas & Ganster（1995）最先提出了家庭支持型工作氛围的概念，他们认为家庭支持型工作氛围应该包括两个主要组成部分：家庭支持型政策（Family-supportive Policies）和家庭支持型主管（Family-supportive Supervisors），这两个组成部分是组织为平衡员工工作职责和家庭责任所作出努力的最好例证。其中，家庭支持型政策包括弹性工作制、婴儿看护等能够帮助员工更容易管理日常家庭职责的服务；而家庭支持型主管是指对员工希望在工作职责与家庭责任之间寻求平衡的欲望和想法表示同情以及努力帮助员工协调其工作职责和家庭责任的直接主管。在 Thomas & Ganster（1995）提出工作-家庭氛围构念的同时，Thompson et al.（1999）提出了家庭友好文化（Family-friendly Culture）的概念，而越来越多的学者将家庭友好文化中的管理支持（Managerial Support）维度也作为家庭支持型工作氛围的重要内容之一，这一维度既包括具体的管理行为，也包括一般性的组织认知。尽管已有学者提出了家庭支持型工作氛围的三个重要要素，即家庭支持型政策、家庭支持型主管以及管理支持，但 Allen（2001）等人认为，由于员工担心在非家庭支持型文化氛围的组织中，使用家庭支持型政策会影响其未来职业发展，因而，当员工们认为他们的直接主管以及组织是家庭支持型的，会使他们在使用这些家庭友好政策时更为舒服和容易。在这样的背景下，Allen 于 2001 年，在感知的组织支持（Perceived Organizational Support，简称 POS）的基础上提出了能够衡量员工对组织中提供有关家庭支持氛围感知的构念，并明确指出这一构念是继家庭支持型政策、家庭支持型主管和管理支持三个重要因素之外的另一重要的家庭支持型氛围要素。

（2）感知的组织家庭支持是主观的家庭友好（Family Friendliness），是感知的组织支持的子内容，因而，在很大程度上属于特殊的组织内部社会支持（Organizational Social Support）。家庭友好又称组织家庭支持（Organizational Family Support），Galinsky et al.（1991）将家庭友好定义为组织对员工家庭和个人需求的整体回应。有些学者尝试将家庭友好中的主观内容与客观内容分离，基于社会支持（Social Support）理论，提出能够描述员工对组织如何关心其个人需求主观感受的构念，即感知的组织支持。更为具体地，Jahn et al.（2003）以组织中的社会支持理论为理论基础，他们认为 House（1981）所提出的三类社会支持与 Greenhaus & Parasuraman（1994）所提出的缓解工作-家庭冲突的三项措施以及 Wethington & Kessler（1986）所提出的象征论具有一一对应的关系（具体如表 2-1 所示）。根据表 2-1 可知，社会支持中的工具性支持对应着提供更大弹性措施以及帮助这一象征性支持，社会支持中的信息性支持对应着提供更精确信息的措施以及建议这一象征性支持，社会支持中的情感性支持对应着提供支持服务这一策略以及情感这一象征性支持。进一步地，感知的组织支持正是对社会支持中三种支持，即工具性支持、信息性支持和情感性支持的感知。而感知的组织家庭支持是员工对组织满足其家庭需求方面的感知，因而，属于感知的组织支持的一部分，一个子集。

对于感知的组织家庭支持与社会支持的关系问题，也有学者做了一些不同的阐释。例如，Kossek et al.（2011）将组织中的社会支持称为工作场所社会支持（Workplace Social Support），即指个体感知他们的幸福被诸如直接主管以及他们所参与的更广意义上的组织等工作场所资源所关心和重视的程度以及这些资源为实现个体幸福所提供帮助的程度（Eisenberger et al.，2002；Ford et al.，2007）。Kossek et al.（2011）将工作场所社会支持按照两种标准分类：第一种是按照社会支持的来源分类，比如来自主管、同事或雇佣单位的支持；第二种是依据支持的类型或焦点分类，可分为一般内容型（Content General）和具体内容型（Content Specific）两类。其中，一般工作支持

（General Work Support）指员工的主管或组织通过提供积极的社会交往或资源以关心其整体幸福感的程度；具体内容工作支持（Content-specific Support）是指满足员工某种特定需求所提供的某种特定资源的程度。按照第二种分类，感知的组织支持是一般内容型的工作场所社会支持，而感知的组织家庭支持则是针对家庭需求这一特定内容的具体内容型工作场所社会支持，因而，感知的组织家庭支持仍是感知的组织支持的一部分。

表 2-1　　　　社会支持与工作-家庭策略的一一对应关系

House（1981）的三类社会支持	Greenhaus & Parasuraman（1994）提出的缓解工作-家庭冲突的三项措施	Wethington & Kessler（1986）的象征论
工具性支持（Instrumental Support）：提供实际的帮助和支持项目	提供更大的弹性（Flexibility）	帮助（Aid）
信息性支持（Informational Support）：交流拥有何种资源	提供更精确的信息（Accurate Information）	建议（Advice）
情感性支持（Emotional Support）：认知和了解员工的非工作需求	提供支持服务（Support Service）	情感（Affect）

2.1.2　感知的组织家庭支持理论与实证研究

近年来，学者们越发发现，为员工提供具体的工作-家庭支持项目和政策并不能很好地满足员工平衡其工作责任和家庭职责的需求，他们认为这是由于观念上的组织家庭支持认知和组织所提供的真实的工作-家庭项目或政策之间存在较大差异，因而，研究者逐渐将关注的焦点转向感知的组织家庭支持等家庭支持型工作氛围（Allen，2001；Friedman & Johnson，1996；Kossek et al.，2001；Thompson et al.，1999），并得出了诸多有益的结论。

（1）基于社会交换理论有关感知的组织家庭支持相关问题的探讨。

一是，由社会交换理论看组织家庭支持构念的重要性。Brandes et al.（2004）认为，社会交换理论（Social Exchange Theory）是用于探讨组织关系问题较为合适的理论。社会交换建立于"相互作用"（Reciprocity）的基础之上（Gouldner, 1960），这一理论认为，当员工从组织中获利时（例如，从组织提供的工作-家庭实践中获利时），员工会更为自觉地用实际行动来回报和补偿组织。因而，组织中的社会交换描述的是员工与他们所工作的组织之间的相互关系（Blau, 1964）。社会交换理论将雇佣关系总结为雇员努力和忠诚以及雇主给予的无形和有形的利益之间的交易，因而，社会交换领域的学者进一步认为，员工会评估组织与自己之间的互动，而满意的互动能够促进员工在未来给予积极的回应（Brandes et al., 2004）。因而，社会交换理论能够使得组织内部的信息和关系得以维持和存续，同时也能够在相互作用关系的主体之间产生有价值的资源（Chen et al., 2005）。也因此，在组织内部存在的社会交换，是被主体双方均认可的社会交换，而在这一过程中，信任得以形成，社会交换关系也进一步完善（Cole et al., 2002），因而，探讨员工对组织所提供的工作-家庭实践的感知，即感知的组织家庭支持或家庭支持组织感知的相关问题是极其重要的，因为这一构念正反映了组织中的员工对企业所提供的工作-家庭实践的感知内容。

二是，基于社会交换理论有关工作-家庭友好实践与员工积极工作结果之后的关系研究。学者们认为，社会交换理论能够更好地帮助理解工作-家庭实践与员工工作态度之间的关系（Lambert, 2000; Allen, 2001; Haar & Spell, 2004; Chen et al., 2005; Kossek et al., 2006），并进而基于社会交换理论来探讨二者之间的具体关系。例如，一个提供工作-家庭友好实践的组织就很可能希望员工能够通过改善工作态度来回应，这一观点得到了学者 Lambert（2000）的支持，他提出，依据社会交换理论的发展，企业为员工提供工作-家庭友好实践能够促进员工参与并提高其能动性。与 Lambert（2000）的观点相似，Haar & Spell（2004）发现，员工越容易理解企业所提供的工作-家庭实践，就越能表现出较高的组织承诺。这些研究发现进一步显示，当员工们接受来自组织的工作-家庭友好政策之后，他们会认为，通过更好的工作表现来回馈组织是他们应尽的义务，而这些更好的工作表现会进一步催生组织对其实行更好的工作-家庭友好政策，从而在企业员工与组织之间形成良性循环，并最终使双方受益（Eisenberger et al.，1987；Eisenberger et al.，1990）。

三是，基于社会交换理论有关组织支持与员工承诺关系的研究。学者们也基于社会交换理论探讨了组织的支持与员工的组织承诺之间的关系，如 Bishop et al.（2005）。特别地，Eisenberger et al. 于 1986 年提出了感知的组织支持的概念，指员工所持有的对于组织在何种程度上关心和重视他们的观点和想法。因而，当员工感觉到他们的组织对自己非常重视时，他们也会以同样的方式来重视组织，并因此更加欣赏和喜欢自己所在的组织。作为回报，员工会通过一些积极的表现来回馈组织的这类行为并与组织互动，例如组织承诺等（Eisenberger et al.，2001；Brandes et al.，2004）。更为具体地，Rhoades & Eisenberger（2002）发现组织支持与诸多组织结果都具有较强的相关性，诸如工作绩效、缺席率以及离职率等。

（2）有关感知的组织家庭支持结果变量的实证研究。

尽管对比工作-家庭实践等内涵，感知的组织家庭实践是较新的构念，但也有诸多学者基于不同的理论对其能够带来的积极结果进行了实证研究，这些结果变量既包括与工作领域相关的结果变量，如工作态度等，也包括非工作领域的结果变量，如生活满意度等。更为具体地，Roche & Haar（2010）基于社会交换对新西兰 40 家企业的 373 名员工进行了感知的组织家庭支持与工作满意度、家庭满意度、离职意向以及工作倦怠之间关系的探讨，发现感知的组织家庭支持与工作满意度和家庭满意度均存在正相关的关系，同时，与离职意向和工作倦怠之间存在负相关的关系，此外，还发现了家庭满意度在感知的组织家庭支持与另外三个结果变量之间的部分中介作用。而 Wayne et al.（2013）则在 408个样本的基础上，实证研究了家庭支持型组织感知与员工情感承诺之间的关系，并得出二者之间存在显著正相关关系的结论，这与 Thompson et al.（2004）的研究结论一致。

（3）有关感知的组织家庭支持对员工工作-家庭界面影响的研究。

Allen（2001）在提出感知的组织家庭支持构念具体内涵的同时也

对其与员工工作-家庭界面结果变量之间的关系进行了研究，并发现，感知的组织家庭支持与工作-家庭冲突之间存在着显著的相关性，而且，感知的组织家庭支持所能够解释的工作-家庭冲突的变异程度要远大于工作-家庭实践所能够解释的员工工作满意度、组织承诺以及离职意向的变异程度，这意味着感知的组织家庭支持是员工工作-家庭冲突的重要影响因素。在 Allen（2001）提出感知的组织家庭支持构念并对其与员工工作-家庭冲突之间的关系进行研究之后，有诸多学者对此问题进行了积极探索。具体而言，Jahn et al.（2003）对感知的组织家庭支持构念进行了进一步拓展，将其分为无形的支持（Intangible Support）和有形的支持（Tangible Support）两个维度，并开发出不同于 Allen（2001）的感知的组织家庭支持量表，这为后人的研究奠定了良好的基础。Thompson et al.（2004）的研究就以 Jahn 等人开发的量表基础，探讨了感知的组织家庭支持的两个维度与员工情感承诺和工作-家庭冲突之间的关系，结果发现，无形的组织家庭支持更能够对员工工作-家庭界面产生影响。而 Lapierre et al.（2008）的研究所选取的样本有些特别，他们基于来自美国、加拿大、澳大利亚以及新西兰等多国的 1 553 名经理人员数据探讨了感知的组织家庭支持与工作-家庭冲突六个不同维度，即基于时间的工作对家庭冲突、基于压力的工作对家庭冲突、基于行为的工作对家庭冲突、基于时间的家庭对工作冲突、基于压力的家庭对工作冲突以及基于行为的家庭对工作冲突，并对它们之间的关系进行了深入的研究，得出了较为具体的结论。Lapierre et al. 发现，感知的组织家庭支持与工作-家庭冲突的六个不同维度均存在显著的负相关关系。特别值得一提的是，Wayne et al.（2013）在对家庭支持型组织感知相关问题进行探讨时同时考虑了工作-家庭界面消极结果变量——工作-家庭冲突和工作-家庭界面积极结果变量——工作-家庭增益，进一步地，他们的研究同时验证了家庭支持型组织感知与员工工作对家庭增益和工作对家庭冲突之间的关系，并发现，家庭支持型组织感知与员工工作对家庭增益正相关，与员工工作对家庭冲突负相关。

根据上述内容，有关感知的组织家庭支持实证研究如表 2-2 所示：

表 2-2　　　　　　　　感知的组织家庭支持的实证研究

	结果变量		结论	参考文献
前因变量： 感知的组织 家庭支持 （POFS）	工作满意度		正相关	Roche & Haar（2010） Wayne et al.（2013） Thompson et al.（2004） Allen（2001） Jahn et al.（2003） Lapierre et al.（2008）
	家庭满意度		正相关	
	感情承诺		正相关	
	离职意向		负相关	
	工作倦怠		负相关	
	工作-家庭 界面	工作-家庭冲突	负相关	
		工作对家庭增益	正相关	

由于感知的组织家庭支持还是相对较新的构念，而且国内有关工作-家庭域相关内容的研究起步较晚，因而，目前国内学者还鲜有对该内容的直接研究，但不乏一些间接的有益尝试，如宝贡敏和刘枭（2011）、凌文辁等（2001）探讨了感知的组织支持的多维度结构，结果表明，感知的组织支持确实是多维度构念，同时他们还发现了感知组织制度支持和感知组织制度保障作为两个独立维度存在。

2.1.3　感知的组织家庭支持相关研究述评

由以上内容可知，感知的组织家庭支持构念的提出建立在家庭支持型工作氛围和感知的组织支持之上，且属于后两者的一部分。现有关于感知的组织家庭支持的研究大体可分为两类：一类是理论研究，这类研究大多数以社会交换理论为基础，以工作-家庭友好政策存在的主要缺点为切入点，探讨了感知的组织家庭支持的重要性（Brandes et al.，2004）；一类是有关感知的组织家庭支持实证研究的探讨。诸多学者对此内容展开了讨论，他们选定的结果变量包括员工工作态度、工作绩效、离职率、离职意向、工作倦怠、组织承诺、情感承诺、工作满意度以及家庭满意度等，并一致肯定了感知的组织家庭支持对于这些组织结果所具有的积极影响效应（Lambert，2000；Allen，2001；Kossek et al.，2006；Haar & Spell，2004；Bishop et al.，2005；Brandes et al.，

2004；Roche & Haar，2010）。特别地，也有学者探讨了感知的组织家庭支持对员工工作-家庭界面的影响，他们探讨了这一构念对员工工作-家庭冲突（包括工作对家庭冲突和家庭对工作冲突）的影响，并发现二者之间存在着负相关的关系，同时也有少数学者探讨了感知的组织家庭支持与员工工作对家庭增益之间的关系，并证实了二者之间确实存在正相关关系（Lapierre et al.，2008；Wayne et al.，2013）。由此可知，现有关于感知的组织家庭支持与员工工作-家庭界面的研究尚不十分充分，这主要表现在两个方面：一方面，缺乏有关感知的组织家庭支持对员工积极工作-家庭结果变量影响的探讨，如工作-家庭增益等，尤其是缺乏其对家庭对工作干涉方向影响的探讨；另一方面，感知的组织家庭支持通过何种路径对员工工作-家庭增益产生影响，即其具体作用机理如何，更有待进一步的研究和探讨。

2.2　资源相关研究回顾

2.2.1　资源与心理资源内涵

在论述心理资源具体内涵之前，应首先明确资源的内涵及其研究发展。之前学者们有关资源问题的探讨绝大多数均基于资源保护理论进行，将资源看成有价值的东西，从而人会为资源的获得、保持和保护去努力，而且，学者们将这些资源细化为四类：一是客观资源，是能够满足个体生活需要或需求的程度，如交通运输、住房情况等资源；二是条件资源，是能够帮助个体获得有价值条件资源或实现他们个体目标价值的程度，如任期、工龄以及婚姻状况；三是个人特征类资源，是个体能够被奖励或评价称赞的程度，如社会竞争力、自尊以及自我控制感等；四是包括金钱、信誉以及保险在内的能量资源，这类资源能够确保获得和维护客观资源、条件资源、个体特征资源（Hobfoll，1989）。但是，正式将资源概念引入员工工作-家庭界面的是 Greenhaus 和 Powell 于2006 年提出的工作-家庭增益双路径（工具性路径和情感性路径）模型。在该模型中，资源是极其重要的核心构念，这是因为两个路径的发生都需要通过"资源",工具性路径发生是通过资源的直接作用,而情感性路径发生是通过资源的间接作用。根据 Greenhaus & Powell (2006),资源是解决问题、应对困难以及面临挑战时所拥有的一项资产;进一步地,这些资源包括技能资源(Skills Resources)、视野资源(Perspectives Resources)、心理资源(Psychological Resources)、生理资源(Physical Resources)、社会资本资源(Social Capital Resources)、灵活性资源(Flexibility Resources)和物质资源(Material Resources)[①]。本书选定心理资源作为核心变量,所以,此处仅对心理资源的内涵进行阐释,而其他变量的内涵不再赘述。具体而言,心理资源既包括诸如自我效能(Bandura,1997;Gist & Mitchell,1992)以及自尊(Brockner,1988)等积极的自我评价,也包括坚强(Blaney & Ganellen,1990;Kobasa,1979)以及诸如乐观和希望等对未来的积极向往(Seligman,1991,2002)。

2.2.2 资源与工作-家庭界面关系研究

较早有关资源在组织行为中的研究是对工作资源积极作用的探讨,并就此形成了多个成熟的理论模型,包括工作要求-控制模型(Job Demand-Control Model,简称 JDC 模型)、工作要求-控制-支持模型(Job Demand-Control-Support Model,简称 JDCS 模型)以及工作要求-资源模型(Job Demand-Resource Model,简称 JDR 模型)等,其中,工作控制即是工作资源。而后的学者在上述三个理论模型的基础上,对工作资源进行了大量的实证研究,并选定工作动机、工作投入等组织结果变量,他们一致发现工作资源具有减少工作压力、提升员工工作动机、降低员工在工作中的犬儒主义水平、增加工作投入、提高工作绩效以及提高生活满意度等积极效应(Bakker et al.,2014;Demerouti & Bakker,2011;Hakanen et al.,2008;Bakker & Demerouti,2007)。特别地,现有关于资源与工作-家庭界面关系的研究可大致分为两类:一类是有关资源与工作-家庭界面的理论探索,即工作-家庭增益双路径

---

① Greenhaus 和 Powell 在提出工作-家庭增益双路径模型时,将资源分为五大类:技能和视野资源,心理和生理资源,社会资本资源,灵活性资源以及物质资源。本研究为了更为清晰地阐述几类资源,将其分开列出。

模型；另一类是其他有关资源与工作-家庭界面的关系研究。

（1）双路径模型有关资源与工作-家庭界面关系的论述。如前文所述，真正把资源构念引入工作-家庭域中的是 Greenhaus 和 Powell 在提出工作-家庭增益的双路径模型时。进一步地，Greenhaus 和 Powell 通过工具性路径和情感性路径两个路径阐述了资源在员工实现工作-家庭增益过程中的两种作用机制。第一种作用机制即工具性路径在于：参加某种角色（工作或家庭）所产生的资源能够直接应用于另一种角色中（家庭或工作），从而促进后一种角色绩效的提高；第二种作用机制即情感性路径在于：参加某种角色（工作或家庭）所产生的资源能够促进该角色中积极情感的产生，而这一积极情感又能反作用于另一个角色（家庭或工作），进而促进后者绩效的提高。由于后文将会继续阐述以积极情感为核心变量的工作-家庭增益情感性路径的相关研究，此处不再赘述，而以论述工作-家庭增益的工具性路径为重点。在 Greenhaus 和 Powell 提出工作-家庭增益双路径模型之后，较少有学者去直接验证这一理论模型，但 Chen & Powell（2012）做了有益的尝试。具体而言，他们以 Hobfoll et al.（1991）的资源保护理论和 Greenhaus & Powell（2006）的工作-家庭增益双路径模型为基础，以 1 052 份问卷调查数据为研究对象，深入探讨了资源获取中具有"隐形"特征的资源（包括技能资源、视野资源、心理资源、社会资本资源和灵活性资源）获取（Obtain）与丧失（Loss）分别在工作角色投入与工作对家庭增益和工作对家庭冲突之间的中介作用，并得出结论，资源获得在工作投入与工作-家庭增益之间具有中介作用，资源损伤在工作投入与工作-家庭冲突之间具有中介作用。

由于本书选定了工具性路径中诸多资源的心理资源，故此处进一步论述心理资源如何在员工实现工作-家庭增益的过程中发挥作用，而暂且不对工具性路径中所涉及的其他类别资源进行阐述。具体而言，天生的或后天形成的心理资源能够促进另一个角色绩效的提高已在学者中达成共识。诸如自尊心、自我效能以及自信心等心理资源之所以能够促进另一角色绩效的提高在于他们能够激发个体努力的动机，进而提高耐力以及设定更高的目标等（Dipaula & Campbell，2002；Erez & Judge，

2001；Judge & Bono，2001；Murray et al.，2000；Murray et al.，1998；Wood & Bandura，1989）。Ruderman et al.（2002）的研究证实了上述心理资源在工作‐家庭增益实现中所具有的重要作用，他们发现，至少23%的女主管都认为她们的个人生活非常得益于自尊以及自信等心理资源，这些资源能够提高她们的管理效用。

（2）其他有关资源与工作‐家庭界面的实证研究。除了 Greenhaus 和 Powell 关于资源在工作‐家庭增益形成过程中重要作用的研究外，其他学者也分别基于消极工作‐家庭结果变量和积极工作‐家庭关系结果变量探讨了其与工作‐家庭域的关系问题。

一是，有关基于工作‐家庭消极结果变量来探讨资源对员工工作‐家庭域影响问题的研究。在工作‐家庭研究领域中，角色理论（Role Theory）是较具影响力的重要理论之一。角色理论认为，人们在生活中会扮演多种不同角色，而人们很难平衡多种不同角色之间的需求冲突（Kahn et al.，1964；Kelly & Voydanoff，1995）。工作‐家庭角色冲突是来自员工个人、员工家庭的需求以及处理这些需求所需资源的共同作用。根据该理论，多种不同角色要求会产生不同角色之间的压力冲突，而员工所拥有的资源则能够通过赋予员工处理需求的能力而减少这种压力冲突。而这一观点与 Grandey & Cropanzano（1990）基于资源保护理论（Conservation of Resources，简称 COR 理论）来探讨工作‐家庭问题所得出的结论具有一致性。资源保护理论模型建立在多种压力模型之上，该理论认为个体具有获得和保护资源的动机（Hobfoll，1989），而工作‐家庭支持型工作氛围即可在某种程度上看成是员工所拥有的资源，这一观点为工作‐家庭领域的相关研究提供了新的思路参考。与上述观点类似，Lapierre et al.（2008）也认为，由于资源的有限会带来在某种角色上的不满意，同时，由于这种有限性也会使其在其他角色中拥有更为有限的资源，进而导致两个角色之间产生冲突，如工作‐家庭冲突等。进一步地，赵简等（2013）以 253 名员工为研究对象探讨了工作资源对员工工作‐家庭关系的影响，结果发现，工作资源对工作‐家庭冲突的两个方向，即工作对家庭冲突和家庭对工作冲突均具有显著的负向影响，与此同时还发现，心理资源在工作资源与员工工作-家庭冲突之间具有完全中介作用。李爱梅等（2015）与前面的研究有较大不同，他们并没有将工作-家庭界面变量作为结果变量，而是将其作为中介变量讨论。具体地，他们基于834名员工的全部样本，探讨了工作要求和工作资源对员工幸福体验的影响，结果发现，工作-家庭冲突能够在工作要求与员工幸福体验的负向关系中起到完全中介作用，而工作-家庭促进则能够在工作资源与员工幸福体验的正向关系中起到部分中介作用，而且，他们还发现了工作资源中的上司支持能够在工作要求与工作-家庭冲突的正向关系中起到调节作用。

二是，有关基于工作-家庭积极结果变量来探讨资源对员工工作-家庭域影响问题的研究。资源是能力的基础，企业在发展的过程中获取的资源对其能力的演变起着至关重要的作用，因而，有学者基于资源探讨了组织管理中的相关问题，如 Barney（1991）就认为，企业绩效主要来自于资源的独特性。而近年来，随着积极心理学在工作-家庭研究领域中的引入，越来越多的学者开始将注意力集中在员工工作角色与家庭角色相互促进和增强的方面，换句话说，更多地在探讨参与工作角色和参与家庭角色所能够带来的管理工作与家庭平衡关系能力的提高（Greenhaus et al.，2003；Greenhaus & Powell，2006）。在这一相关研究领域中，资源从某一个领域（工作或家庭）被转移到另一个领域（工作或家庭），并带来了与工作态度或工作绩效相关的较好的结果（Graves et al.，2007），进而能够实现工作-家庭增益等积极工作域与家庭域关系结果。与此同时，学者们也发现，工作资源的产生是工作对家庭增益过程或工作对家庭积极溢出过程的重要驱动力（Bakker & Demerouti，2007；Bakker & Geurts，2004；Grzywacz，2002）。例如，进一步地，赵简等（2013）以253名员工为研究对象探讨了工作资源对员工工作-家庭关系的影响，结果发现，工作资源对工作-家庭促进的两个方向，即工作对家庭促进和家庭对工作促进均具有显著的正向影响，与此同时还发现，心理资源在工作资源与员工工作-家庭促进之间具有完全中介作用；Voydanoff（2004）发现，与工作设计特征相关的工作资源，包括自主性以及学习机会等资源是能够促进工作对家庭实现的首要原因，这一观点与 Geurts（2004）的结论一致；与 Voydanoff（2004）以及 Geurts（2004）的研究类似，Grzywacz & Butler（2005）通过研究发现，无论是通过主观测量的工作资源，还是通过客观办法衡量的工作资源，均与较大的工作对家庭增益感知正相关。更为细致地，现在学者们已经开始关注和区分与工作相关的资源、社会资源以及个体资源等不同类别资源在员工工作域与家庭域关系中所扮演的不同的重要性（Bakker & Demerouti，2007；Salanova et al.，2006；Shirom，2007；Weigl et al.，2010）。也有学者将这些资源分为正式资源（Formal Resources）和非正式资源（Informal Resources）两类，但遗憾的是，较少有学者关注包括家庭支持在内等非正式资源在员工积极工作-家庭关系实现过程中所能够发挥的重要作用（Siu et al.，2011）。目前，在工作-家庭领域，有关非正式支持资源对员工工作-家庭域关系的探讨较为匮乏。Siu et al.（2011）做了一些尝试，他们探讨了主管支持和家庭支持这类非正式组织支持资源对员工工作-家庭增益实现的作用，并发现主管支持这类资源能够促进员工工作对家庭增益的实现，而家庭支持这类资源则能够促进员工家庭对工作增益的实现。在上述学者均肯定工作资源能够带来积极工作-家庭关系的同时，也有学者提出了不同的观点，如闫淑敏等（2013）以企业中的女性员工为例，探讨了包括工作支持、工作控制感和家庭支持在内的工作角色资源对员工工作-家庭增益的影响关系，并提出并非全部的工作角色资源都能预测员工的工作-家庭增益。另外，Graves et al.（2007）认为，工作-家庭研究领域的学者们应该更多地关注那些非工作经历，如家庭经历，是如何影响工作经历的。这是因为，他们认为，对于这些相关内容的研究，再加上融入企业文化的组织支持等政策，能够更好促进组织发展。

在大多数学者均从工作资源视角探讨资源对工作-家庭关系影响的同时，也有学者研究了家庭资源对个体工作域与家庭域关系的影响。如 Stevens et al.（2007）就以男女双方的配对样本为研究对象，探讨了家庭凝聚力和家庭情感这类特殊资源在各自实现工作-家庭增益过程中的重要作用，结果发现这类积极资源确实能够促进工作-家庭增益的实现，这一观点与 Wayne et al.（2006）提出的来自于家庭成员情感支持这类特殊资源能够促进工作-家庭增益实现的观点一致，同时 Aryee et al.（2005）发现家庭支持这类特殊资源能够促进员工实现家庭对工作增益。

2.2.3　资源的研究述评

早在 1989 年，资源的构念就随着资源保护理论的形成而产生，并逐渐被应用在组织行为学的相关研究中。而后，学者们相继形成了包括工作要求-控制模型、工作要求-控制-支持模型及工作要求-资源模型等多个理论模型，并一直认为工作资源具有减少工作压力、提升员工工作动机、降低员工在工作中的犬儒主义水平、增加工作投入、提高工作绩效以及提高生活满意度等积极效应（Bakker et al.，2014；Demerouti & Bakker，2011；Hakanen et al.，2008；Bakker & Demerouti，2007）。正式将资源概念引入员工工作-家庭界面的是 Greenhaus 和 Powell 于 2006 年提出的工作-家庭增益双路径（工具性路径和情感性路径）模型。在该模型中，资源是极其重要的核心构念，这是因为两个路径的发生都需要通过"资源"，工具性路径发生是通过资源的直接作用，而情感性路径发生是通过资源的间接作用。此后，学者们对资源对工作-家庭领域产生的影响进行了大量的研究，这些研究一类是对消极工作-家庭结果，即工作-家庭冲突影响的研究，学者们一致认为工作资源能够降低工作-家庭冲突水平，与此同时，也能够调节工作要求与工作-家庭冲突之间的正相关关系（Lapierre et al.，2008；赵简，2013；李爱梅，2015）；另一类是有关资源对积极工作-家庭结果的研究，如工作对家庭增益、工作对家庭积极溢出等（Bakker & Demerouti，2007；Bakker & Geurts，2004；Grzywacz，2002）。尽管学者们针对资源对个体工作-家庭界面的影响进行了诸多探讨，但有关资源对工作-家庭增益的影响，尤其是工作对家庭增益和家庭对工作增益两个增益方向的全面探讨尚不特别充分，还有待进一步的探讨和研究。

2.3 积极情感相关研究回顾

2.3.1 积极情感的内涵

无论是在美国还是在其他文化中，通常用二分法来形容人的情绪或情感（Diener et al.，1985；Russell，1980，1983；Stone，1981；Watson et al.，1984；Zevon & Tellegen，1982），诸如高兴（Pleasantness）与不高兴（Unpleasantness）。而后，相关的学者为了进行进一步的深入探讨，将此问题进行了统一，用积极情感（Positive Affect）和消极情感（Negative Affect）来描述个体的两类情感。简单地说，积极情感是指个体能够感受到热情（Enthusiastic）、积极（Active）和警戒性（Alert）高低的程度。较高的积极情感即表示一种个体充满能力，注意力完全集中，乐于投入的状态，而较低的积极情感则是悲伤和死气沉沉的象征。进一步地，情感（Affect）包括个体所经历的范围较广的感受，这不仅包括个体在短时间内或在某个瞬间所具有的情感状态，同时也包括以某种常态的方式或更具趋势的方式所表现出的通常意义上的情感状态（Watson & Clark，1984）。

2.3.2 积极情感的实证研究

有关情感方面的研究已受到心理学家、社会学家尤其是组织行为学研究者和组织心理学研究者的高度重视，他们还意识到，对员工情感的把握对于理解组织行为至关重要，并就此产生了诸多有益的研究成果（Deiner，1999；Fisher & Ashkanasy，2000；Weiss，2002）。这是因为，在组织中，情感过程无处不在，他们隐藏于政治行为之中，潜藏于我们的决策之后，当我们面临与自身利益相关的工作问题或组织绩效问题时，我们就会产生强烈的情感（Strong Affective Feelings）（Barsade & Gibson，2007）。而近30年来，管理者和学者们正是基于这一视角来不断弥补有关员工情感方面的研究和探讨（Barade et al.，2003）。

（1）有关积极情感的一般性研究。一方面，有关积极情感的间接研究。有些学者将积极情感（Positive Affect，简称 PA）和消极情感（Negative Affect，简称 NA）作为衡量人个性的两种方式，并就此探讨这些个性与工作场所中的积极情绪即工作满意度之间的关系，发现积极情感确实能够带来更高水平的工资满意度和工作满意度（Schmitt & Bedeian，1982；Watson & Slack，1993）。进一步地，在积极情感量表尚未被开发之前，直接关于积极情感的实证研究还较为少见。如前文所述，情感既包含长期的情绪状态也包括短期的情绪状态，导致在测量上存在些困难，这或许也是积极情感相关研究较为匮乏的原因之一。但在相关文献中却有一些间接的尝试，学者们分别探讨了"情绪（Emotion）"这一短期"情感（Affect）"及一般意义上的"情感（Moods）"在组织行为中的作用，换言之，学者们仅检验了"情感"中的一部分所具有的积极效用。例如，Lyubomirsky et al.（2005）发现，即将经历积极情绪的个体通常都会伴随更好测量绩效的发生，这包括更高水平的工资、谈判协商能力的提高以及更多的组织公民行为等；进一步地，与 Staw et al.（1994）及 Lyubomirsky et al.（2005）的观点一致，Pugh（2001）发现银行工作者所具有的积极情绪会具有感染性，会感染其客户，进而促使其客户对其服务质量给予更高的评价，而 Barger & Grandey（2006）也发现这种具有感染力的积极情绪还能够带来顾客的满意等积极结果。与上述大多数研究者采用实证研究的方法不同，王艳梅和郭德俊（2008）采用行为实验的方法探讨了积极情绪对任务转换的影响，结果发现，积极情绪能够促进任务转换的完成，且这种转换的过程是因偏好新异刺激而形成的，而高正亮和童辉杰则基于 Friedrickson 的拓展-建构理论探讨了积极情绪所具有的有利于个体成长和发展以及长期的适应价值。综上可以看出，Staw et al.（1994），Lyubomirsky et al.（2005），Pugh（2001）及 Barger & Grandey（2006）等人基于个体视角探讨了积极情感所具有的扩散效益，Barsade（2002）则基于群体的视角探讨了积极情感的扩散效益，他发现这种扩散所具有的积极效用还发生在群体层次，对于具有积极情感的群体，他们通常会有更少的冲突、更多的合作以及更好的绩效。

另一方面，有关积极情感的直接研究。虽然并未有专门针对积极情感的量表，但积极情感所具有的积极效用已得到诸多学者的认可，相关研究表明，积极情感与社会活动、满意度以及高兴事件发生的频次正相关（Beiser，1974；Bradburn，1969；Clark & Watson，1986，1988；Watson，1988）。1988 年，Watson 等人专门针对积极情感和消极情感创建了 PANAS 量表，而且大量的实证研究表明，这个量表具有较高的效度和信度。而后的学者也在 PANAS 中积极情感子量表（PAS）的基础上进行了更多的理论探讨和实证研究。例如，James et al.（2004），Amabile et al.（2005）以及 Madjar et al.（2002）均发现了积极情感对组织创造力的积极影响；George & Jones（1996），Pelled & Xin（1999）以及 Thoresen et al.（2003）发现，无论是短期积极情感还是通常普通状态的积极情感，均对实际离职率和意向离职率具有显著的负向影响；进一步地，其他学者发现，积极情感对于亲社会行为等积极影响还具有传递性，比如团队领导所具有的积极情感会带来员工更多的亲社会行为，同时也能够大幅度降低员工的离职率，这是因为领导所具有的积极情绪会使其处于"积极、兴奋以及强壮"的状态中，并会对团队的成员产生影响，进而能够更为关注和鼓励团队成员的积极行为（George & Betternhausen，1990）。除上述研究外，学者们还发现，积极情绪能够带来更好的谈判结果，这是因为，处于积极情绪的谈判者更倾向于选择问题解决策略，具有更大的弹性，从而也会更容易达成双赢的协议，而且，处于积极情绪中的谈判客体通常会更有自信，这能够让面对面谈判更为有效地进行（Druckman & Broom，1991；Kopelman et al.，2006）。由上文可知，诸多研究均是将积极情感作为自变量，进而探讨其积极效用，而 Green et al.（2012）则将积极情感作为中间变量来探讨其在"原谅"与"健康"之间的中介作用，他们以 623 个研究生群体为样本，通过自陈量表的测量方式，发现了积极情感确实能够在原谅和身心健康之间起到中介作用。

（2）有关积极情感与员工工作-家庭界面的关系研究。

由上文可知，积极情感具有能够带来身心健康、高工作绩效、低离职率等积极效用，特别地，也有学者将其引入员工工作-家庭界面来探讨其所具有的积极效用（MacDermid et al.，2012；Greenhaus &

Powell，2006）。具体而言，MacDermid et al.（2002）认为，大多数的理论研究视角均隐含着一个重要的假设，即"情感在工作-家庭界面发挥着重要的作用"，而这同时又意味着这种情感存在于工作与家庭之间积极作用关系下。正是基于此，Greenhaus 和 Powell 于 2006 年提出了工作-家庭增益双路径模型，其中一条路径被称为情感性路径，而这条路径的核心变量即积极情感，这意味着积极情感构念正式被引入工作-家庭界面的研究中。

如前文所述，积极情感包括与某一特殊事件相联系的具体情绪和通常状态下的一般情绪两种，但 Greenhaus 和 Powell 在文中声明，工作-家庭增益情感性路径中的积极情感并不区分这两种，而是将其作为整体构念理解。工作-家庭增益情感性路径的作用机理和过程是，当个体从某种角色（工作角色或家庭角色）中获得较多的资源时，该资源所具有的积极情感就会增加，反过来，这种积极情感会促进其他角色（家庭角色或工作角色）功能的实现。因而，情感性路径发生有两个重要的构成要素：

一是某种角色具有能够产生积极情感的资源。某种角色中所具有的资源能够通过两种途径产生积极情感。一方面，其所具有的资源能够直接产生积极情感。例如，包括由这个角色所产生的自尊、乐观、希望以及坚强等积极情感能够促进满意、积极情绪等发生（Isen & Baron，1991）。另一方面，在角色中产生的资源能够促进这一角色绩效的提高，而绩效的提高反过来能够增强该角色中的积极情感。例如，由工作而产生的自尊感、技能的发展以及社会资源的获得，均能够促进角色绩效的提升或职业成功（Korman，1976；McCall et al.，1988；Seiber et al.，2001）；从直接主管所获得的信息资源也能够对工作的完成或事业的成功做出巨大的贡献；从工作中获得的物质资源，尤其是金钱资源可以用于支持家庭的旅行。反过来，由这些资源所促进的任务完成或绩效提高能够让个体获得更多的积极情感（Judge et al.，2001）。因而，从某种角色所获得的资源能够通过直接和间接两种方式产生积极情感。

二是某种角色所具有的积极情感能够对另一个角色功能产生作用。这一构成要素意味着，某种角色所产生的积极情感能够对另一角色的绩效产生影响。根据 Edwards & Rothard（2000）的情绪溢出理论，在某种角色中所产生的积极情感能够增加另一角色的人际活动以及耐力等，因而能够促进另一角色绩效的提升或积极情感的产生。Rothabard（2001）认为，某种角色所产生的积极情感能够促进另一角色绩效的提高是因为积极情感促进了个体在另一种角色中的投入，而这一过程之所以能够发生在于如下三个原因：第一，由于积极情感与慈善或帮助性行为相关（Isen & Baron，1991），这能够增加在另一种角色中的心理效能；第二，积极情感与外界的关注相连，从而能够促进个体产生更多的积极行为；第三，与 Marks（1977）的观点一致，积极情感能够提高个体的能量水平，从而增加在另一角色中高投入的可能性。

2.3.3 积极情感的研究述评

在学术上，有两个构念与情感的内涵类似，即与一般情感状态相连的常态情绪和与某项具体刺激相联系的具体情绪，而情感是常态情绪和具体情绪的混合体（Brief & Weiss，2002；Weiss & Cropanzano，1996；Barsage & Gibson，2007）。进而，积极情感也包括积极常态情绪和积极具体情绪两种。现有研究则分别针对积极常态情绪、积极具体情绪和积极情感三方面展开研究。其中，有关积极常态情绪的研究发现，这一积极情感状态会带来决策有效性、人际关系绩效提高等积极作用（Isen，2001；Isen & Labroo，2003；Shama & Levy，2003）；而有关积极具体情绪的研究也发现，这一情感状态能够带来员工更高水平的工资、更多的组织公民行为、更高的客户评价以及客户满意度提升等积极效用（Staw et al.，1994；Lyubomirsky et al.，2005；Pugh，2001；Barger & Grandey，2006）。由于积极情感包括两部分内容，较难测量，因而在专门针对该构念的量表被开发之前，相关的实证研究很少见。直至 1988年，Watsons 开发了专门针对积极情感的量表，而后的学者则在此量表的基础上进行了诸多的实证研究，并发现，积极情感具有降低离职率、提高薪酬满意度、增加亲社会行为等积极效用（Salovey et al.，1991；George，1991）。真正将积极情感构念引入员工工作-家庭界面的是Greenhaus 和 Powell 于 2006 年提出的工作-家庭增益双路径模型。但较为遗憾的是，尽管 Greenhaus 和 Powell 已从理论上提出和论述了积极情感在工作-家庭增益实现过程中所具有的重要作用，但却很少有学者从实证研究的角度来探讨积极情感在员工工作-家庭增益实现过程中的重要作用。

2.4 工作-家庭分割偏好相关研究回顾

2.4.1 工作-家庭分割偏好的内涵

在确定工作-家庭分割偏好（Work-family Segmentation Preference，简称 WFSP）构念之前应首先明确分割的内涵。分割（Segmentation）指某一领域如想法、关心以及地理活动区域等，与另一领域分离的程度，这种分离可以是意识上的分割、行为上的分割以及地域范围上的分割；与分割相对应的概念是融合（Integration），指工作与家庭领域在不同方面的渗透和混合。

对于工作域和家庭域分割的偏好因个体的不同而不同，换言之，这是描述个体差异的变量（Edwards &Rothbard，1999；Nippert-Eng，1996）。因而，分割者（Segmenters），即偏好将工作域与家庭域分割的个体，倾向于尽可能地把工作域与家庭域分开，努力创造和维持不同领域的边界（Zerubavel，1991）。这类个体具有较弱的边界渗透性和弹性，进而形成较强的边界。他们会在潜意识中就对不同行为域进行边界界定，在不同领域之间设置边界障碍，并在潜意识中设置"心理围墙"，而且当个体在不同领域间跨越时具有较大的困难，从而能够从根本上把两个行为域分离开来，正所谓"工作是工作，家庭是家庭"。而且，对于这类个体而言，在某一行为域所产生的抑或积极抑或消极的情绪也仅限于这一行为域内部，不会对另外行为域产生影响，这就导致个体工作角色与家庭角色的分离，进而限制了资源跨角色领域的流动和渗透（Powell & Greenhaus，2010）。与此形成鲜明对比的是，融合者（Integrator），偏好将工作域事宜与家庭域事宜放在一起考虑，这些人通常会模糊工作域与家庭域的界线，具有较高的边界渗透性和弱边界特征，这类个体更可能在家中与自己的家人谈论工作中的体验、工作一天的主观感受，也更容易将工作中的积极情绪、积极状态和满足感等积极情绪渗透到家庭领域，进而给家庭生活带来积极的情绪体验（Illies et al.，2009）。换言之，他们通常将两个行为域的各方面因素混为一谈。例如，Nippert-Eng（1996）的研究发现，这些员工通常会在工作的办公桌上摆放家人的照片，会带同事回家一起吃饭，也会在工作的时候谈论家庭事宜等。正如 Asforsh et al.（2000）所言，这些员工所在工作域与家庭域界线在某种程度上是不存在的或是相互渗透的，当然，与此同时，这些个体在某一行为域所具有的高兴、成功或失败情绪也会影响到另一个领域中的活动。基于以上，工作-家庭分割偏好所描述的即个体在主观上想分离工作域与家庭域的程度。

2.4.2 工作-家庭分割偏好的实证研究

较早探讨员工个体有关其工作域与家庭域关系及组织对待员工工作域与家庭域关系策略的成熟理论是边界理论（Boundary Theories）（Asforth et al.，2000）。边界理论检验了人们在不同角色，如工作角色和家庭角色间建立"心理围墙"的方式（Zerubavel，1991），而且，该理论聚焦于在不同角色之间所建立的临时的和空间上的边界，以及个体如何参与这些边界。尽管如此，边界理论也存在许多不足之处，这主要表现在：该理论并没有直接检验人们到底更倾向于分割策略还是更为喜欢融合策略，这是因为该理论的潜在假设是，员工对于分割与融合策略的偏好与组织中所能够提供的分割或融合策略正好匹配。然而，这一假设"似乎"并非总是正确的。例如，对于任何的组织而言，都能够较为容易地提供某种关于员工工作域和家庭域关系管理策略的文化，但这种文化却不一定与员工个人偏好的有关工作与家庭关系的文化相同，这就在给员工一个信号，即其个人价值观与组织的文化价值观不匹配（Bretz & Judge，1994；Cable & Judge，1994；Rynes，1987）。据此，而后的学者们对此问题进行了进一步的深入探讨，他们基于边界管理策略的不同，将个体分为三类：第一类被称为"分割者"（Separator），即完全把工作域与家庭域分开的个体；第二类被称为"融合者"

(Integrator)，即完全把工作域和家庭域融合的个体；第三类被称为"排球者"（Volleyer），即随着时间的变化，其管理策略在融合与分割之间不断徘徊的个体（Kossek & Lautsch，2008）。进一步地，在 Kossek 和 Lautsch 有关工作-家庭管理策略三分法的基础上，学者们把分割管理策略与融合管理策略比喻成一个连续体的两端，而无论个体还是组织，其关于分割管理策略或融合管理策略的偏好均处于这一连续体中的某个点，每个人以及每个组织皆因对分割管理策略或融合管理策略的不同而存在较大差异，且个体对于分割与融合的管理策略与组织对于分割与融合的管理策略偏好并非总是匹配的（Ashforh et al.，2000；Edwrds & Rotharbard，2000；Rau & Hyland，2002）。

一是基于个体视角的研究。分割与融合构念被提出以后，主要被应用于员工在工作域与家庭域中的管理策略研究。由于不同的人对待时间和压力的方式也不尽相同，有人喜欢逃避压力，而有些人则喜欢更为积极地面对。喜欢逃避的人通常喜欢将工作与家庭分割开来，即更为偏好高水平的工作-家庭分割策略，对于这类个体，在他们潜意识中，不同边界的渗透性非常低，且具有较高的在不同领域间进行角色转换的成本，一旦进入某个领域，就很难对另外一个领域在精神和行为上进行投入（马丽、徐枞巍，2011）。所以，具有分割偏好的个体在角色转换时通常需要跨越物理边界、心理边界以及社会边界等多种边界，需要花费较大的精力才能够从一种角色转为另一种角色，这降低了个体创造和维持边界的难度，但同时也增加了跨界的难度。相反地，喜欢积极面对压力的个体，通常采用融合的策略，这意味着，他们具有较低的工作-家庭分割偏好（李原，2013）。

二是基于组织视角的研究。分割与融合不但可以作为描述个体对待工作域与家庭域关系的偏好，同时，这两个构念也被应用在描述工作场所创造出的能够支持个体分割或融合策略的工作氛围上（Hochschild，1997；Kirchmeyer，1995）。边界理论认为，组织也因关于员工个体工作域与家庭域关系管理策略的不同而不同（Ashforth et al.，2000；Rau & Hyland，2002），组织所采取的不同分割或融合管理策略旨在帮助员工应对所参与工作角色和家庭角色之间的挑战。有些组织管理策略能够帮助员工增强不同领域之间的边界，但也有些组织的管理策略能够帮助员工削弱他们关于工作域或家庭域的边界。具体而言，有些组织较为赞同个体将工作域与家庭域进行融合，这些组织会通过在岗提供婴儿看护以及灵活工作时间等政策来帮助员工实现他们的融合偏好（Hochschild，1997；Kossek et al.，1999；Osterman，1995）。这意味着，不仅个体之间因其对工作-家庭关系持有分割或融合的策略而存在差异，不同组织之间也会因其所能够为员工提供分割或融合工作-家庭氛围的程度不同而存在显著差异。

三是基于个体与组织匹配视角的研究。正是由于不同学者分别基于个体和组织视角对有关工作-家庭分割的问题进行了研究，而后的学者们发现这两种视角的独立研究都不尽完全，进而提出基于个体与组织匹配进行研究的第三个视角。这一研究视角以人与组织匹配理论为基础，所谓人与组织匹配是指在个人与组织之间的一致性。人与组织匹配理论认为，当个体的价值观与组织的价值观一致时，组织能够满足个体的需求和欲望，进而能够带来个体满意度提升及组织承诺提高等积极结果（Chatman，1989；French et al.，1982；Kristof，1996；Schneider，1987）。而本书所指的个人与组织匹配，是指个体所持有的工作-家庭管理策略偏好与组织提供的工作-家庭管理策略的匹配。探讨个人与组织有关工作域与家庭域关系管理策略的一致性是极其重要的，这是因为，二者之间的一致性会作为应聘者判断个人与组织是否匹配的重要标准（Bretz & Judge，1994；Cable & Judge，1994；Turban & Keon，1993）。特别地，组织有关员工工作域与家庭域关系的管理策略也会对应聘者产生重要影响。例如，Bretz & Judge（1994）研究发现，具有较高工作-家庭冲突水平的申请者更倾向于选择具有工作-家庭融合管理策略的组织；相反，Scandura & Lanku（1997）认为，弹性工作制政策仅能够促进具有较高家庭责任员工组织承诺和工作满意度的提升；而Rau & Hyland（2002）则发现具有较高工作-家庭冲突水平的应聘者更倾向于具有弹性工作制的组织，具有较低工作-家庭冲突水平的应聘者则更乐于选择能够提供电话通讯机会的组织。除此以外，诸多学者基于个人与组织融合的视角进行了大量的实证研究，并得出诸多有益的结论。具体而言，Tett & Meyer（1993）、Koys（2001）和 Mowday et al.（1982）发现，个体关于工作-家庭分割偏好与组织所提供的工作-家庭关系管理策略的匹配具有降低员工离职率、提高亲社会行为以及心理投入等积极效应；Rothbard et al.（2005）以 460 名员工为研究样本，以提供现场婴儿看护作为融合管理策略，以弹性工作制作为分割管理策略，探讨了个人有关工作与家庭管理策略与组织有关工作与家庭管理策略一致性的相关问题，结果发现，较大的分割管理策略偏好能够调节组织管理政策与个体满意度和个体承诺之间的关系，提供诸如现场看护孩子等融合政策组织能够为倾向于分割管理策略的个体带来较低的满意度和组织承诺，而这类个体则喜欢能够提供诸如弹性工作时间的分割管理策略的组织。特别地，现有关于个体工作-家庭分割偏好及其对工作-家庭关系结果变量的实证研究也通常以个人与环境匹配为理论基础和研究视角切入点，来探讨这一匹配成功与否与员工工作-家庭关系结果，尤其是工作-家庭冲突这一消极结果之间的关系。对此问题，学者们的研究结论较为一致，他们认为个体对工作-家庭关系分割或融合的偏好，与组织中所能够提供的有关分割或融合的工作-家庭关系氛围的匹配程度呈负相关的关系，即匹配程度越高，员工所具有的工作-家庭冲突水平越低，换言之，二者的匹配具有减缓员工压力水平以及工作-家庭冲突水平的积极效用（Kreiner，2006）。除此以外，学者们还发现个体有关工作与家庭管理策略的偏好和组织所提供的工作与家庭关系管理策略的一致性还具有能够促进员工精神健康（Edwards & Rothbard，1999），减少员工工作-家庭冲突水平（Chen et al.，2009），提高工作满意度和组织承诺等积极效应（Rothbard et al.，2005）。

2.4.3 工作-家庭分割偏好研究述评

根据前文，现有关于工作-家庭分割偏好的研究主要从个体视角、组织视角及个体与组织匹配视角三个研究视角进行。其中，前两个研究视角一致认为，无论是个体还是组织，均可依据对工作域与家庭域的管理策略不同而进行分类，这些管理策略包括由分割到融合连续统一体中的多个中间点（李原，2013；Ashforth et al.，2000；Rau & Hyland，

2002）。而第三个研究视角来自第一个研究视角与第二个研究视角的匹配，这一视角的相关研究结果显示，个体所具有的有关其工作域和家庭域关系的管理策略偏好与组织所能够提供的工作-家庭管理策略的一致性具有提高员工健康水平、减少员工工作-家庭冲突水平以及提高工作满意度和组织承诺等积极效用（Kreiner，2006；Edwards & Rothbard，1999；Chen et al.，2009；Rothbard et al.，2005）。由此可见，尽管工作-家庭分割偏好构念是针对员工工作域与家庭域关系提出的，但现有研究仅针对其与工作-家庭冲突这一消极工作域与家庭域结果变量进行，缺乏对其与工作-家庭增益等积极工作域与家庭域关系结果变量关系的研究。

2.5 工作-家庭增益相关研究回顾

2.5.1 由工作-家庭冲突到工作-家庭增益

对于工作域与家庭域的关系，学者们认为可以有多种不同的相互影响方式（Polemans et al.，2005），而对二者关系问题的探讨，无论是对于员工个体，还是对于组织，抑或是整个社会都至关重要。因而，在过去几十年中，工作域与家庭域相互作用关系的方式和途径受到越来越多学者的重视（Barnet，1998，1999；Edwards & Rothbard，2000），且有大量关于工作域与家庭域关系问题的研究成果发表，并呈现出上升的趋势（Brurke & Greenglas，1987；Zedeck，1992），而且，学者们已经发现了多种不同工作角色与家庭角色相互作用的方式（Barnett，1998；Edwards & Rothbard，2000；Lambert，1990；Repetti，1987）。本书将学者们关于工作域与家庭域相互作用关系的研究过程总结为如下三个阶段，它们分别是对工作-家庭冲突研究的聚焦、工作-家庭冲突向多个积极工作-家庭关系构念的转变，以及由多个积极工作-家庭关系构念转向工作-家庭增益的统一。

第一阶段：对工作-家庭冲突研究的聚焦。在工作域与家庭域关系问题研究的起初，学者们认为，由于工作与家庭平衡很难达到，进而只能在工作与家庭之间产生冲突（Grzywacz & Bass，2003；Major et al.，2002）。于是，学者们把研究的焦点集中在同时参与工作角色与家庭角色所带来的消极方面，并据此提出了用于衡量消极工作–家庭关系的构念——工作–家庭冲突（Work-family Conflict）。工作–家庭冲突是一种角色冲突，指某一领域角色需求与另一领域角色需求产生冲突和对立（Greenhaus & Butell，1985），包括工作对家庭冲突和家庭对工作冲突两个方向。为了对其进行进一步的实证研究，Carlson et al.（2000）将工作–家庭冲突细分为基于时间的冲突、基于压力的冲突和基于行为的冲突三个维度，并开发了兼具信度和效度的量表。在 Greenhaus & Butell（1985）关于工作–家庭冲突内涵的定义以及 Carlson 等人关于其相应量表开发的基础上，学者们对工作–家庭冲突做了较多的探讨，这主要包括对其前因变量和结果变量的研究，其中，对其前因变量的探讨大致分为两个领域，工作域因素包括工作压力、工作时间的紧迫性、工作文化以及主管行为等（Greenhaus et al.，1987；Clark，2001，2002；Grzywacz & Marks，2000；Fox & Dwyer，1999；Thomaston et al.，1999；Nielson et al.，2001），而来自家庭域的因素则主要包括家庭责任、家人支持等（Carlson，1999；Crzywacz & Marks，2000）；对工作–家庭冲突结果变量的探讨，学者们对其所具有的负向影响得出了较为一致的结论。例如 Greenhaus & Buetell（1985）就发现，同时参与工作与家庭两个角色，个体的生活会因此而沮丧和有压力，而且，工作与家庭之间的冲突会带来损害员工健康、降低幸福感（Frone，2000；Frone et al.，1997；Madsen et al.，2005；Major et al.，2002）以及工作绩效（Allen et al.，2000）等不利影响。据此，多年以来，学者们一直关注工作对家庭干涉和家庭对工作干涉所带来的，在不同角色时间上、压力上以及行为上的消极溢出影响（Carlson et al.，2000；Greenhaus & Buetell，1985）。换言之，在研究的初期阶段，学者们有关工作域与家庭域关系的研究聚焦于个体在不同角色间所具有的消极影响，而几乎很少有人去关注同时参与不同角色所能带来的益处。

第二阶段：工作–家庭冲突向多个积极工作–家庭关系构念的转变。近年来，与积极心理学运动较为一致的是，有关工作域与家庭域关系的研究也逐渐将重点从工作与家庭消极交互面转为工作与家庭积极交互面，并日益发现，同时参与多种角色的个体是能够从多种角色中同时获得潜在的收益的，而这些额外的收入、增长的社会资源等积极收益是能够超过其消极效应的。换言之，参与一种角色的经历能够提高在另一角色中的生活质量（Bakker & Schaufeli，2008；Brough et al.，2009；Grzywacz & Marks，2000；Carlson et al.，2006）。在这一转换过程中，涌现了多个用于描述个体积极工作-家庭关系的构念，包括 Crouter 于1984 年提出的积极渗溢（Work-family Positive Spillover），即指在某种角色所具有的经历能够转化到另一领域中，从而让两个领域较为相似（Edwards & Rothbard，2000）；Sieber 于 1974 年提出的工作-家庭助长（Work-family Enhancement），指个体参与某一角色所获得的收益，并且这些溢出能够在另一角色中发挥更好的效用（Sieber，1974）；Grzywacz于 2002 年提出的工作-家庭促进（Work-family Facilitation），指通过参与某一角色的收获能够增强另一角色的功能（Grzywacz，2002）。在上述工作-家庭积极渗溢、工作-家庭助长和工作-家庭促进被提出以后，学者们也基于这些构念进行了诸多的实证研究。例如，较多学者探讨了这些积极构念与个体身心健康之间的关系，Grzywacz & Bass（2003）发现，工作-家庭促进能够降低个体患精神疾病、抑郁症以及酗酒等问题的几率，一般每增加一个单位的工作-家庭促进就能够降低15%患抑郁症的几率以及降低 38%酗酒的几率。更有趣的是，关于身心健康问题的探讨，上述这些积极构念与身心健康关系的研究和工作-家庭冲突与身心健康的研究构成了鲜明的对比。在学者们发现积极工作-家庭构念与员工身心健康具有正相关的同时，也发现了工作-家庭冲突能够带来更多身心健康损害。诸如，Frone et al.（1997）和 Frone et al.（1996）均发现工作-家庭冲突能够带来更高水平的抑郁和沮丧以及更严重的酗酒行为；Major et al.（2002）则发现，工作-家庭冲突会增加个体身体上的疼痛感以及精神上的抑郁感。正是上述这些有关工作-家庭积极构念与工作-家庭冲突相对对立的研究结论，使之呈现出这些积极构念是工作-家庭冲突对立面的"现象"。

第三阶段：由多个积极工作-家庭关系构念转向工作-家庭增益的统一。在上述诸多积极工作-家庭关系被提出之后，出现了稍显"混乱"的局面，学者们交替使用上述几个构念进行探讨，并不做特别的区分（李永鑫、赵娜，2009；Carlson et al.，2006；Frone，2003），进而也就忽略了各构念之间内涵上的区别，甚至连测量的量表也相互使用。然而，这一做法是不尽完善的。幸运的是，在 2006 年，Greenhaus 和 Powell 提出了工作-家庭增益的构念，这一构念与前文提及的积极工作-家庭渗溢、工作-家庭促进和工作-家庭助长均不相同。工作-家庭增益的构念建立在工作-家庭积极渗溢的基础上，比工作-家庭助长更为具体（Carlson et al.，2004），而且与工作-家庭促进强调整体水平不同，工作-家庭增益更为强调个人层次（Wayne et al.，2004）。进一步地，Greenhaus 和 Powell 指出工作-家庭增益最能够描述和捕获工作域与家庭域积极交互的机制。综上，工作-家庭增益这一用来描述员工积极工作-家庭关系的构念越发受到重视，并促使有关积极工作-家庭关系问题的探讨较为统一地选择这一构念，这也就结束了学者们使用积极工作-家庭关系构念较为混乱的局面。

2.5.2　工作-家庭增益的内涵

（1）工作-家庭增益的基本内涵。工作-家庭增益（Work-family Enrichment，简称 WFE）由 Greenhaus 和 Powell 于 2006 年提出，具体指参与一种角色经历能够提高另一角色生活质量的程度①。工作-家庭增益包括工作对家庭增益和家庭对工作增益两个增益方向的内容，分别指参与工作角色经历能够提高家庭生活质量的程度和参与家庭角色经历能够提高工作生活质量的程度。Greenhaus 和 Powell 两位学者在提出这一构念时，仅进行了理论探讨，并未开发相应的测量量表以及进行实证研究的检验。而后的学者们在此概念基本内涵的基础上，做了诸多的尝试，其中 Carlson 等人对此工作-家庭增益构念内涵进行的深化和补充及其量表的开发得到众多学者的一致认可（Stoddard，2007），本书亦采用 Carlson 等学者更为完善的有关工作-家庭增益的结构内涵。

（2）工作-家庭增益的结构内涵。根据 Carlson 等人的研究，工作-家

---

① 国内学者也有将 Work-family Enrichment 翻译成"工作-家庭丰富"，但较为通常的翻译是工作-家庭增益，故本书也采用此种翻译。

庭增益两个增益方向即工作对家庭增益和家庭对工作增益，各自包括三个维度，具体如图2-1所示。根据图2-1，一方面，工作对家庭增益包括工作对家庭发展、工作对家庭情感和工作对家庭资本三个维度，其中，工作对家庭发展指对于工作的投入能够让个体获得和重新定义看待问题和处理问题的技能、知识、行为以及方式等，而这无疑会让员工成为更好的家庭成员；工作对家庭情感是指对工作的投入能够产生积极情绪或积极态度，而这会帮助个体成为更好的家庭成员；工作对家庭资本指对工作的投入能够提高包括安全感、自信以及成就感等心理资源，这些心理资源能够帮助员工成为更好的家庭成员。另一方面，家庭对工作增益包括家庭对工作发展、家庭对工作情感和家庭对工作效率三个维度，其中，家庭对工作发展指对于家庭的投入能够让个体获得和重新定义看待问题和处理问题的技能、知识、行为以及方式等，而这无疑会让个体成为更好的员工；家庭对工作情感指对家庭生活的投入能够产生积极情绪或积极态度，而这会帮助个体成为更好的员工；家庭对工作效率指对家庭生活的投入能够增加个体专注和紧迫感，这会有助于个体成为一个更好的员工（Carlson et al.，2006）。

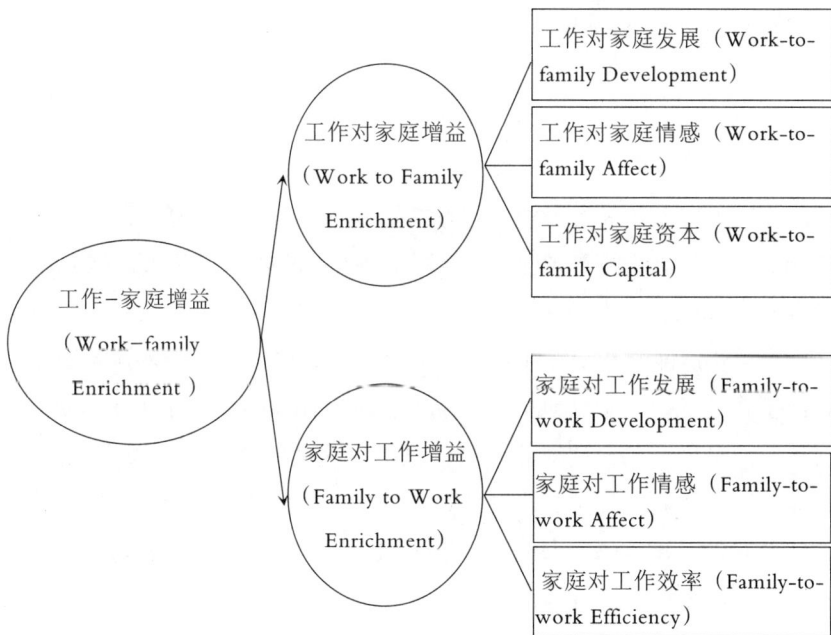

图2-1　工作-家庭增益内涵结构图

2.5.3 工作-家庭增益的理论与实证研究

（1）有关工作-家庭增益的理论研究。有诸多学者对工作-家庭增益进行了理论探讨，并形成了多个理论模型，其中最有代表性的是工作-家庭增益双路径模型、工作家庭间角色资源跨界增益模型以及工作-家庭增益方格模型。

一是，工作-家庭增益双路径模型。工作-家庭增益是相对较新的构念，目前国外学者关于这一构念相对较为成熟的理论是 Greenhaus 和 Powell 于 2006 年提出的工作-家庭增益双路径模型。这一模型以角色积聚理论和拓展及扩建理论为基础，提出工作-家庭增益的形成机制可通过工具性路径和情感性路径两个路径发生。工具性路径，是指参与一种角色能够产生直接应用在另一种角色上的资源，从而产生一个角色对另一个角色的增益，这些资源主要包括技能和视角资源（Skills and Perspectives）、心理和生理资源（Psychological and Physical Resources）、社会资本资源（Social-capital Resources）、灵活性资源（Flexibility）以及物质资源（Material Resources）。各类资源的内涵及其在工作-家庭增益实现过程中的具体作用机制如下：

技能和视角资源，其中技能资源包括认知技能、人际技能、处理多重任务技能以及应对挑战等技能，而视角资源则包括尊重个体差异、理解他人的困境以及采用多种不同方式处理和思考问题的视角。诸多学者认为这类资源是能够在两个不同角色之间进行转换的（Crouter, 1984b；Kanter, 1977；Piotrkowski et al., 1987；Repetti, 1987）。换言之，这类资源能够从工作角色转向家庭角色，同时，也能够从家庭角色转向工作角色，进而实现增益。具体而言，Ruderman et al.（2002）以女性职业经理人为研究对象探讨了其个人生活的资源（例如人际技能、完成多任务技能以及对个体差异的尊重）是如何增强其管理绩效的，这一结论与 McNall et al.（1988）基于男性职业经理人所做研究得出的结论一致。而 Crouter（1984a）则发现，在工作岗位的主动倾听技能能够提高个人生活质量。类似地，Haas（1999），Perry-Jenkins et al.（2000）的研究表明，具有复杂工作的父母通常与孩子之间有较为积极的关系，这或许是工作中所培养的领导力在生活中发挥了作用（McCauley et al.，1994）。

心理和生理资源，其中心理资源包括对自己感到满意、有信心能够成功、自我价值感、乐观以及竞争力等资源，生理资源则指足够的休息、生活平静感，以及身体健康等资源。学者们探讨了心理资源与角色绩效之间的关系，并发现了这些心理资源所具有的积极效用，例如学者们认为自尊、自我效能以及自信等心理和生理资源可以激发个体的动机、努力、耐力和选定目标等，因而，从一个角色中获得的心理和生理资源能够提高另一个角色的绩效（DiPaula & Campbell，2002；Erez & Judge，2001；Judge & Bono，2001；Murray et al.，2000；Murray et al.，1998；Wood & Bandura，1989），进而实现增益。Seligman（1991，2002）进一步解释，在一个角色中产生的乐观和希望等心理资源能够增加在另一个角色中面临挑战和失败的勇气；而 Cartwright & Cooper（1997）认为，身体健康这类生理资源能够提供能量和活力，从而有效促进角色的高绩效，相反地，较差的身体在很多时候都在浪费时间并且会破坏角色绩效，如由此引起的缺席等。

社会资本资源，这类资源包括来自于同事的支持，在工作时能够对他人产生影响和作用等。这一类资源主要强调的是在某个角色中所获得的信息资源，而这类信息资源是能够解决另一角色所面临的问题的，从而实现一个角色对另一个角色的增益。例如来自于公司发起人关于对老年人护理的福利待遇可以帮助员工解决照顾老人或生病的亲属等问题，类似地，员工配偶所提供的信息能够应用在其工作中（Friedman & Greenhaus，2000）。再如，来自于一个有威望同事的帮忙可以让自己的孩子顺利进入较好的学校，而来自于亲属的帮助也能够使诸如银行职员完成贷款等工作任务。总之，工作中的社会网络能够带来积极的家庭生活结果（Friedman & Greenhaus，2000），而来自于家庭的支持也能够促进工作绩效的提高（Adams et al.，1996；Friedman & Greenhaus，2000；Frone et al.，1997；Voydanoff，2001）。

灵活性资源，具体包括能够决定自己工作的时间和地点的自由度以及能够以最适合自己的节奏去工作的自由度等。灵活性资源也称弹性资源，一直以来就被作为工作-家庭研究领域的重要焦点之一，而Greenhaus 和 Powell 在提出工作-家庭增益双路径模型时，也肯定了这一资源所具有的重要作用。这是因为，工作中的弹性资源能够让员工有更多的时间来履行家庭职责，从而促进家庭绩效的提高（Friedman & Greenhaus，2000），而且相关研究已表明灵活的工作安排、家庭支持型组织文化以及支持型主管均与工作-家庭冲突呈现负相关关系（Allen，2001；Thomas & Ganster，1985；Thompson et al.，1999）；同理，若员工在家庭生活中有很大的弹性，这无疑会让其有更多的时间和机会投入工作中，从而进一步提高其工作绩效（Friedman & Greenhaus，2000）。

物质资源，即指钱和其他物质资源。这一类资源对比前几类资源而言，更为具体，而其对增益过程的具体作用路径也更为直接。此处以金钱这一兼具特殊和一般意义的物质资源为例，工作中赚的钱可以用于购买商品和服务来提高生活的质量，使生活更为轻松和愉快（Miller，1997），而且相关研究表明，收入与婚姻稳定性和婚姻质量之间具有正相关关系（Barnett & Hyde，2001；Haas，1999；Voydanoff，2001）；同理，来自于家庭生活的物质资源，如无息贷款等有助于个体进行创业、参加职业培训等活动（Greenhaus & Powell，2006）。

工作-家庭增益双路径模型中的情感性路径是指，参与一种角色产生的大量资源能够带来积极的情感，这种积极的情感会拓展到其他角色活动中去，从而提高其他角色绩效，进而产生角色之间的增益。由于本书选定积极情感作为中介变量进行探讨，前文有专门针对"积极情感"变量的文献述评，后文这部分内容将会详细探讨情感性路径的作用过程，故此处不再赘述。进一步地，Greenhaus 和 Powell（2006）还分别针对工具性路径和情感性路径提出了不同的调节变量，其中，针对工具性路径他们提出了三个调节变量，分别是角色显著程度、角色之间资源的相关性以及角色之间资源要求和形式的一致性。针对情感性路径，Greenhaus 和 Powell 认为，角色显著程度具有调节效用。由此可以发现角色显著程度在工作-家庭增益的两个路径，即工具性路径和情感性路径中均具有调节作用，而这一调节变量也是多个调节变量中日益成为研究焦点的一个，这或许与该变量能够描述个体差异特征有关，而从实证研究上看，目前在工作-家庭关系的研究中，对个体差异的关注严重不足（Eby et al.，2005）。具体而言：一方面，家庭身份显著性在工具性路径中的调节作用。对个体越重要的角色，个体越会投入更多的时间和情感在这一角色中（Burke & Reitzes，1991；Lobel & St.Clair，1992；Stryker & Serpe，1994），基于此，Greenhaus & Powell（2006）进一步认为，个体会有计划性地把资源投入到显著性角色中，因为这个角色的高绩效对他个人而言具有重要意义，类似地，个体不会把更多的资源投入到他认为对他个人而言不是特别显著的角色中，进而提出如下论断：对比家庭身份显著性不高的个体，家庭身份显著性较高的个体更有可能将工作中产生的技能和视野资源、心理和生理资源、社会资本资源、灵活性资源以及物质资源应用于提高家庭绩效。另一方面，家庭身份显著性在情感性路径中的调节作用。Rothbard（2001）认为积极情感之所以能够促进个体在另一角色中积极投入，进而产生高绩效的原因有如下三个：慈善和帮助行为、公众的焦点以及能量的扩散。Greenhaus & Powell（2006）基于此认为，家庭角色对个体越重要，个体就越乐意也更有可能将工作中的行为与家庭活动进行积极互动，这是因为家庭身份越重要，家庭身份的成功和幸福对个人而言也就越有意义（Thoits，1991）。换句话说，只有当家庭角色对个人而言重要时，个人才可能将对工作的投入转为对家庭活动的投入。因此，尽管工作角色中能够产生具有扩大性和帮助性的积极情绪，但是如果家庭身份对个体而言并不十分重要，那么个体也不会将这种情绪应用于家庭活动中，所以Greenhaus & Powell（2006）进一步提出如下主张：当家庭身份更为重要时，在工作角色中产生的积极情绪才会更促进家庭绩效的提高（Greenhaus & Powell，2006）。双路径模型中家庭身份显著性这一调节变量的提出是本书选取工作-家庭分割偏好变量作为调节变量的重要参考和借鉴，这是因为两个变量都在描述个体在对待工作域与家庭域关系方面的差异。

二是，工作家庭间角色资源跨界增益模型。虽然国内学者对工作-家庭增益的相关研究还处于起步阶段，但也有学者进行了较多的尝试，并得出了诸多有益的结论。在有关工作-家庭增益理论研究方面，较有代表性的研究是张宁俊等（2015）在 Greenhaus 和 Powell 关于工作–家庭增益双路径模型的基础上，基于边界理论、资源的视角而提出的"工作家庭间角色资源跨界增益模型"，这一模型以"角色资源累积–个体心理因素改变–跨界增益–角色评价与投入"为逻辑主线，探讨了资源如何在不同角色间跨界流动，进而实现增益的。

三是，工作–家庭增益方格模型。林忠等（2015）以边界理论为基础，从人与环境匹配，即"供需均衡"的视角出发，分别以工作弹性意愿和工作弹性能力，以及家庭弹性意愿和家庭弹性能力为关键变量，构建了工作对家庭增益二维模型和家庭对工作增益二维模型。在这两个二维模型的基础上，林忠等构建了包括 16 种不同水平与不同质量的工作对家庭增益和家庭对工作增益组合状态的工作–家庭增益方格模型，而且，员工在 16 个方格中所处的位置能够发生移动。这一模型与之前学者们构建的工作–家庭增益模型最大的差异在于，它引入了工作–家庭增益质量的提法。具体而言，一方面，是工作–家庭增益的水平。边界弹性意愿与边界弹性能力的匹配水平决定了工作–家庭增益的实现水平，这一过程遵从"从低原则"，即无论边界弹性意愿和边界弹性能力的大小对比如何，最终能够达到的匹配水平与二者中的较低数值保持一致。因而，若工作弹性意愿与工作弹性能力在低数值处实现匹配，工作对家庭增益水平就低；若二者在高数值处实现匹配，工作对家庭增益水平就高。同理，个体所能够实现的家庭对工作增益水平的决定过程与上述类似。另一方面，是工作–家庭增益的质量。边界弹性意愿与边界弹性能力的匹配质量决定了工作–家庭增益的实现质量。工作对家庭增益质量的优劣取决于两个重要因素：一是工作弹性意愿能否被工作弹性能力所满足；二是工作弹性意愿与工作弹性能力的间隙或差距的大小。若工作弹性意愿能够被工作弹性能力所满足，且二者的间隙或差距越小，则工作对家庭增益的质量就越好，反之亦然。同理，个体所能够实现的家庭对工作增益质量的决定过程与上述类似，仅存在方向上的不同。综上，工作–家庭方格模型为工作–家庭增益的研究提供了新的思路参考和借鉴。

（2）有关工作–家庭增益的实证研究。自工作–家庭增益构念被提出以后，学者们不仅进行了理论探索，也进行了诸多的实证研究，这些实证研究可分为三大类，第一类是对工作-家庭增益前因后果的直接研究，即把工作-家庭增益作为因变量或自变量的研究；第二类是对工作-家庭增益具体作用机理的直接研究，即对工作-家庭增益中介变量和调节变量的探讨；第三类是对工作-家庭增益的间接研究，即选定工作-家庭增益为中介变量，进而间接探讨工作-家庭增益的前因变量和所具有的积极效用。

第一类研究：对工作-家庭增益前因后果的直接研究。一方面，关于将工作-家庭增益作为因变量的研究。这类研究探讨何种因素能够影响或促进员工工作-家庭增益的实现，学者们在此方面进行了大量的探索，他们发现组织支持、工作投入、工作自由度、工作控制和工作弹性等工作资源方面，心理卷入、人际交往风格以及自我效能感等个体特征方面，包括上级支持、时间要求和职业鼓励三个维度的工作-家庭文化等组织特征方面（Hill et al.，2007；Grzywacz & Butler，2005；Thompson & Protas，2005；Butler et al.，2005；Cohen & Kirchmeyer，1995；Grzywacz et al.，2002；Grzywacz & Marks，2000；杨洁等，2012；朱农飞、周路路，2010），以及团队凝聚性、团队亲密性和团队相似性（Hunter et al.，2010），均能够对员工的工作-家庭增益产生影响。另一方面，有关工作-家庭增益结果变量的研究。与工作-家庭冲突相关研究类似，有关工作-家庭增益结果变量的探讨一直受到学者们的关注。学者们发现，工作-家庭增益能够带来更多的身心健康、工作绩效、婚姻与生活满意度、组织承诺以及更低水平的员工离职率和缺席率等积极结果（Van Steenbergen & Ellemers，2009；Hill，2005；McNall et al.，2010；Wayne et al.，2004；Siu & Cheung，2014；Russo & Buonocore，2012；Tang et al.，2014；Akram et al.，2014）。有关工作-家庭增益的直接研究，即关于其前因后果的研究如图2-2所示。

第二类研究：对工作-家庭增益具体作用机理的研究。如前文所述，学者们进行了大量关于工作-家庭增益的直接研究，但对其间接研究，即有关其中介机制和调节机制的探索还相对欠缺，大多数研究仍以 Greenhaus 和 Powell 提出工作-家庭增益双路径模型时所给出的中介变量和调节变量为基础进行探讨，且主要集中在个体因素上。如 Powell & Eddleston（2011）就探讨了性别变量在工作-家庭增益实现过程中所具有的调节作用，他们发现

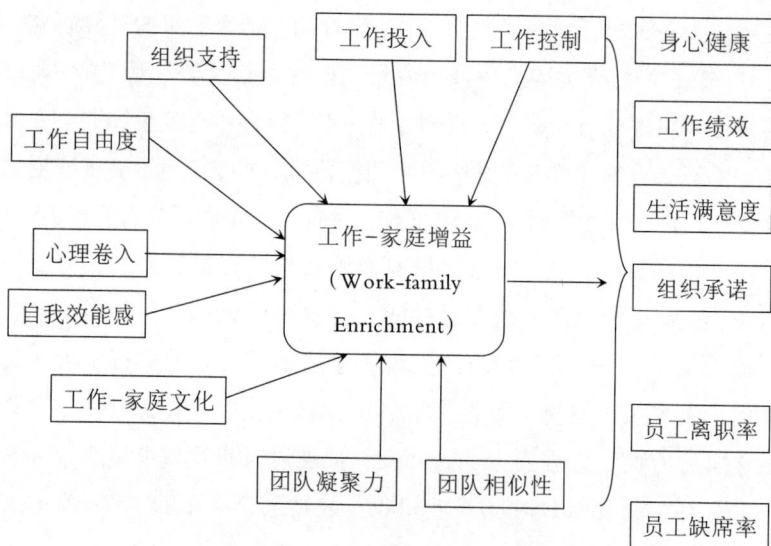

图 2-2　工作–家庭增益前因后果图

对比男性而言，女性更易于经历工作–家庭增益，并由此受益更多；周璐璐和赵曙明（2010）则发现工作自主性和自我效能能够在工作时间要求与工作–家庭增益负相关关系中起到调节作用，即具有较高工作自主性和自我效能的员工能够通过提高个人满足多重角色需求的能力和获得积极的情绪溢出来降低工作时间对工作–家庭增益的负向影响。Lingard et al.（2010）验证了工作家庭匹配在工作资源与工作–家庭增益之间的中介效用，Chen & Powell（2012）发现了工作角色资源获取与损失在工作角色投入与工作对家庭增益之间的中介作用，而闫淑敏等（2013）则通过研究表明工作投入是工作角色资源与工作对家庭增益的中介变量。

第三类研究：对工作–家庭增益的间接研究。除上述研究外，也有学者选定工作–家庭增益作为中间变量来探讨两个变量之间的关系，进而间接讨论其前因变量和其所具有的积极效果。例如，闫淑敏和步兴辉（2015）就做了一项这类的研究，他们探讨自我效能感对主观幸福感的影响，并引入工作–家庭增益作为中介变量，进而间接发现自我效能感与工作–家庭增益显著正相关，工作–家庭增益与员工主观幸福感显著正相关，工作–家庭增益能够在自我效能感与主观幸福感之间起到中介作用，同时，还发现，不同性别和年龄的员工，其所能实现的工作–家庭增益水平也不尽相同。

2.5.4　工作-家庭增益研究述评

在积极工作-家庭关系受到学者重视和青睐的同时，工作-家庭增益成为了学者们研究重点中的重点。工作-家庭增益是相对较新的构念，自其构念被提出以后，学者们对其进行了深入的研究和探讨，并有大量的研究成果发表。这些研究一部分注重对其发生机制和具体作用路径的理论探讨，如 Greenhaus 和 Powell 的双路径模型以及张宁俊等提出的"工作家庭间角色资源跨界增益模型"，其中双路径模型日益被学者们称为工作-家庭增益研究领域中的重要理论模型，但较为遗憾的是，鲜有学者对此模型进行实证检验。2006 年，Carlson 等人开发了专门针对工作-家庭增益的测量量表，而后学者们在此量表的基础上进行了诸多的实证研究探讨，这一方面包括对组织支持、工作投入、工作自由度、工作控制和工作弹性等工作资源方面以及心理卷入、人际交往风格以及自我效能感、团队凝聚性和团队相似性等前因变量的探讨（Hill et al.，2007；Grzywacz & Butler，2005；Thompson & Protas，2005；Butler et al.，2005；Cohen & Kirchmeyer，1995；Grzywacz et al.，2002；Grzywacz & Marks，2000；杨洁等，2012；朱农飞、周路路，2010；Hunter et al.，2010），但缺乏衡量员工个体特征等非正式的、主观因素的探讨；另一方面也包括对工作-家庭增益所能够带来的更多的身心健康、工作绩效、婚姻与生活满意度、组织承诺以及更低水平的员工离职率和缺席率等积极结果的探讨（Van Steenbergen & Ellemers，2009；Hill，2005；McNall et al.，2010；Wayne et al.，2004；Siu & Cheung，2014；Russo & Buonocore，2012；Tang et al.，2014；Akram et al.，2014）。除此以外，尽管有学者尝试探讨了诸如工作家庭匹配在工作-家庭增益实现过程中的中介作用以及性别在工作-家庭增益中的调节作用，但在此方面的研究远远不够，这意味着，对工作-家庭增益中介机制和调节机制的探索是学者们未来研究的重点之一。

2.6　本章小结

本章对本书所涉及的几个核心变量，即感知的组织家庭支持、心理资源、积极情感、工作−家庭分割偏好以及工作−家庭增益的相关研究进行了回顾。

在对感知的组织家庭支持相关研究进行回顾时发现，现有研究可大体分为两类：一类是理论研究，这类研究大多数以社会交换理论为基础，以工作−家庭友好政策存在的主要缺点为切入点，探讨了感知的组织家庭支持的重要性（Brandes et al., 2004）；一类是有关感知的组织家庭支持实证研究的探讨。诸多学者对此内容展开了讨论，他们选定的结果变量包括员工工作态度、工作绩效、离职率、离职意向、工作倦怠、组织承诺、情感承诺、工作满意度以及家庭满意度等，并一致肯定了感知的组织家庭支持对于这些组织结果所具有的积极影响效应（Lambert, 2000; Allen, 2001; Kossek et al., 2006; Haar & Spell, 2004; Bishop et al., 2005; Brandes et al., 2004; Haar & Roche, 2010）。特别地，也有学者探讨了感知的组织家庭支持对员工工作−家庭界面的影响，他们探讨了这一构念对员工工作−家庭冲突（包括工作对家庭冲突和家庭对工作冲突）的影响，并发现二者之间存在着负相关的关系，同时也有少数学者探讨了感知的组织家庭支持与员工工作对家庭增益之间的关系，并证实了二者之间确实存在正相关关系（Lapierre et al., 2008; Wayne et al., 2013）。由此可知，现有关于感知的组织家庭支持与员工工作−家庭界面的研究尚不十分充分，这主要表现在两个方面：一方面，缺乏有关感知的组织家庭支持对员工积极工作−家庭结果变量影响的探讨，如工作−家庭增益等，尤其是缺乏其对家庭对工作干涉方向影响的探讨；另一方面，感知的组织家庭支持通过何种路径对员工工作−家庭增益产生影响，即其具体作用机理如何，更有待进一步的研究和探讨。

在对资源相关研究进行回顾时发现，正式将资源概念引入员工工作−家庭界面的是 Greenhaus 和 Powell 于 2006 年提出的工作−家庭增益双路径（工具性路径和情感性路径）模型。在该模型中，资源是极其重要的核心构念，这是因为两个路径的发生都需要通过"资源"，工具性路径是通过资源的直接作用，而情感性路径是通过资源的间接作用。此后，学者们对资源对工作-家庭领域产生的影响进行了大量的研究，这些研究一类是对消极工作-家庭结果，即工作-家庭冲突影响的研究，学者们一致认为工作资源能够降低工作-家庭冲突水平，与此同时，也能够调节工作要求与工作-家庭冲突之间的正相关关系（Lapierre et al.，2008；赵简，2013；李爱梅，2015）；另一类是有关资源对积极工作-家庭结果，如工作对家庭增益、工作对家庭积极溢出等的研究（Bakker & Demerouti，2007；Bakker & Geurts，2004；Grzywacz，2002）。尽管学者们针对资源对个体工作-家庭界面的影响进行了诸多探讨，但有关资源对工作-家庭增益的影响，尤其是对工作对家庭增益和家庭对工作增益两个增益方向的全面探讨尚不特别充分，还有待进一步的探讨和研究。

在对积极情感的相关研究进行回顾时发现，情感同时包括常态情绪和具体情绪两种（Brief & Weiss，2002；Weiss & Cropanzano，1996；Barsage & Gibson，2007），已有研究也主要从这两方面进行。其中，有关积极常态情绪的研究发现，这一积极情感状态会带来决策有效性、人际关系绩效提高等积极作用（Isen，2001；Isen & Labroo，2003；Shama & Levy，2003）；而有关积极具体情绪的研究也发现，这一情感状态能够带来员工更高水平的工资、更多的组织公民行为、更高的客户评价以及客户满意度提升等积极效用（Lyubomirsky et al.，2005；Pugh，2001；Barger & Grandey，2006）。由于积极情感包括两部分内容，较难测量，因而在专门针对该构念的量表被开发之前，关于其相关的实证研究很少见。直至1988年，Watsons开发了专门针对积极情感的量表，而后的学者在此量表的基础上进行了诸多的实证研究，并发现，积极情感具有降低离职率、提高薪酬满意度、增加亲社会行为等积极效用（Salovey et al.，1991；George，1991）。然而，真正将积极情感构念引入员工工作-家庭界面的是Greenhaus和Powell于2006年提出的工作-家庭增益双路径模型。但较为遗憾的是，尽管Greenhaus和

Powell 已从理论上提出和论述了积极情感在工作-家庭增益实现过程中所具有的重要作用，但却很少有学者从实证研究的角度来探讨积极情感在员工工作-家庭增益实现过程中的重要作用。

对现有关于工作-家庭分割偏好的研究进行回顾时发现，工作-家庭分割偏好的研究主要从个体视角、组织视角及个体与组织匹配视角三个研究视角进行。其中，前两个研究视角一致认为，无论是个体还是组织，均可依据对工作域与家庭域的管理策略不同而进行分类，这些管理策略包括由分割到融合连续统一体中的多个中间点（李原，2013；Ashforth et al.，2000；Rau & Hyland，2002）。而第三个研究视角来自第一个研究视角与第二个研究视角的匹配，这一视角的相关研究结果显示，个体所具有的有关其工作域和家庭域关系的管理策略偏好与组织所能够提供的工作-家庭管理策略的一致性具有提高员工健康水平、减少员工工作-家庭冲突水平以及提高工作满意度和组织承诺等积极效用（Kreiner，2006；Chen et al.，2009；Rothbard et al.，2005）。由此可见，尽管工作-家庭分割偏好构念是针对员工工作域与家庭域关系提出的，但现有研究仅针对其与工作-家庭冲突这一消极工作域与家庭域结果变量进行，缺乏对其与工作-家庭增益等积极工作域与家庭域关系结果变量关系的研究。

对现有关于工作-家庭增益的相关研究进行回顾时发现，工作-家庭增益是相对较新的构念，自其构念被提出以后，学者们对其进行了深入的研究和探讨，并有大量的研究成果发表。这些研究一部分注重对其发生机制和具体作用路径的理论探讨，如 Greenhaus 和 Powell 的双路径模型以及张宁俊等提出的"工作家庭间角色资源跨界增益模型"，其中双路径模型日益被学者们称为工作-家庭增益研究领域中的重要理论模型，但较为遗憾的是，鲜有学者对此模型进行实证检验。在 2006 年时，Carlson 等人开发了专门针对工作-家庭增益的测量量表，而后学者们在此量表的基础上进行了诸多的实证研究探讨，这一方面包括对组织支持、工作投入、工作自由度、工作控制和工作弹性等工作资源方面以及心理卷入、人际交往风格以及自我效能感、团队凝聚性和团队相似性等前因变量的探讨（Grzywacz & Butler，2005；Thompson & Protas，

2005；Butler et al.，2005；杨洁等，2012；朱农飞、周路路，2010；Hunter et al.，2010），但缺乏衡量员工个体特征等非正式的、主观因素的探讨；另一方面也包括对工作－家庭增益所能够带来的更多的身心健康、工作绩效、婚姻与生活满意度、组织承诺以及更低水平的员工离职率和缺席率等积极结果的探讨（Van Steenbergen & Ellemers，2009；Hill，2005；McNall et al.，2010；Wayne et al.，2004；Siu & Cheung，2014；Russo & Buonocore，2012；Tang et al.，2014；Akram et al.，2014）。除此以外，尽管有学者尝试探讨了诸如工作家庭匹配在工作－家庭增益实现过程中的中介作用以及性别在工作－家庭增益中的调节作用，但在此方面的研究远远不够，这意味着，对工作－家庭增益中介机制和调节机制的探索是学者们未来研究的重点之一。

综上，有关上述变量的文献回顾为本书的研究提供了切入点和可能性，本书所要进行的有关感知的组织家庭支持对员工工作－家庭增益的实证研究弥补了感知的组织家庭支持缺乏与积极工作－家庭构念关系的探讨，同时也拓展了工作－家庭增益前因变量的探讨；对心理资源和积极情感两个变量中介作用的研究是对双路径模型的数据检验；而对工作－家庭分割偏好调节作用的分析在弥补工作－家庭增益关于调节机制研究不足的同时，也能够为企业制定相应管理策略提供思路借鉴和参考。

3 相关量表在中国情境下的检验

3.1 描述性统计分析与拟合指标选取

3.1.1 描述性统计分析

笔者已工作多年，诸多朋友和同学分布在全国各地，从事包括制造、地产、金融以及教育等多种行业，且较多处于管理岗位，而本次数据收集正是通过这些朋友和同学进行的。本次数据收集主要针对北京、天津、上海、大连、沈阳、石家庄以及太原等地国有企业、民营企业以及外资企业的员工发放问卷。而且，本书的问卷发放共分两次进行，第一次于 2014 年 6 月至 9 月进行，共发放问卷 500 份，回收 417 份，问卷回收率为 83.4%，有效问卷为 373 份，有效问卷率为 89.4%；第二次数据收集于 2015 年 2 月至 2015 年 4 月进行，共发放问卷 600 份，回收 507 份，问卷回收率为 84.5%，有效问卷为 414 份，有效问卷率为 81.7%。据此，本书全部样本数据为 787 个。

在全部 787 个样本数据中，男性员工占比 48.5%，女性员工占比 51.5%。25 岁以下员工占比 36.09%，26 岁至 30 岁员工占比 27.19%，31 岁至 35 岁员工占比 19.19%，36 岁至 40 岁员工占比 8.13%，41 岁至 45 岁员工占比 6.73%，46 岁至 50 岁员工占比 1.4%，50 岁以上员工占比 1.27%。具有本科学历员工占比 48.79%，硕士研究生学历员工占比 10.42%，博士研究生学历占比 2.8%，其他学历员工占比 37.99%。基层员工占比 68.61%，中层管理者占比 25.41%，高层管理者占比 5.97%。

3.1.2 拟合指标选取

如前文所述，本章拟对本书所涉及的核心变量——感知的组织家庭支持、积极情感、心理资源、工作–家庭分割偏好和工作–家庭增益进行信效度分析。进行效度分析时，要应用 AMOS 软件进行验证性因子分析。在验证性因子分析中，有多个拟合指标用于衡量模型是否理想，这些拟合指标值可分为绝对适配度指标和相对适配度指标两种（Maruyama，1997），而本书综合选取了绝对指标和相对指标。具体而言，本书拟选取 χ^2/df、RMSEA、GFI 绝对适配度指标以及 NFI、RFI 和 CFI 相对适配度指标来判定模型是否拟合理想。上述各拟合指标的名称及可判定标准如表 3–1 所示（吴明隆，2010；McDonald & Ho，2002；Hu & Bentler,1999）。

表 3–1 　　　　　　　　　　**本书选取各拟合指标表**

拟合指标名称	判断标准
χ^2/df （卡方与自由度的比值）	小于 5
RMSEA （渐进残差均方和平方根）	小于或等于 0.05 时，模型拟合程度较好；0.05~0.08 是可以接受的范围
GFI 值	0.9 以上较为理想，0.8~0.9 可以接受
NFI 值	0.9 以上较为理想
RFI 值	0.9 以上较为理想，若在 0.95 以上则较完美
CFI 值	0.9 以上较为理想

后文第 4 章感知的组织家庭支持对员工工作-家庭增益直接影响效应，第 5 章心理资源和积极情感对感知的组织家庭支持与员工工作-家庭增益关系的中介作用研究，均采用结构方程研究方法，相应适配度指标值的选取与本章一致，也采用 χ^2/df、RMSEA、GFI 绝对适配度指标以及 NFI、RFI 和 CFI 相对适配度指标来判断直接影响效应模型和中介影响效应模型拟合的理想程度。

3.1.3　无差异分析及非响应误差检验

由于本研究所涉及的自变量、因变量、中介变量及调节变量的测量均是同一批被试者，因而，可能会存在非响应误差问题。非响应误差又称不响应误差，根据之前研究者的做法，如 Frazier et al. (2009)、Rindfleish & Moorman（2001）等人，将所有样本按照时间分为两组。而本书在之前数据收集时即考虑这一问题，分为两个时点对数据进行收集，中间有较大时间间隔。本书应用 SPSS 软件对这两份样本的年龄和学历进行了比较，即进行了双样本 T 检验，结果显示 P 值远大于 0.1，这意味着二者之间并不存在显著差异。也由此可以看出，本书的非响应误差问题并不严重（Amstrong & Overton，1977）。

3.2　感知的组织家庭支持量表在中国情境下的检验

3.2.1　关于感知的组织家庭支持量表

自感知的组织家庭支持构念被提出以后，现有关于感知的组织家庭支持量表主要有两个：一个是由 Allen（2001）开发的包括 14 个题项的量表，另一个是由 Jahn et al.（2003）开发的包括 9 个题项的量表。对比两个量表，后者优于前者，这是因为 Allen 开发的量表测量员工所认为的组织采取的不允许工作与家庭相互干涉的程度，而且并未清晰地囊括潜在的社会支持三个维度的概念，即工具性支持、信息性支持和情感性支持。而 Jahn 等人所开发的量表不但克服了上述不足，还将来自直接主管支持的感知内容融入其中，因为组织内部所有与员工家庭支持相关的政策和项目都需要通过直接主管执行来实现。

进一步地，Jahn 等人的量表将感知的组织家庭支持分为有形支持和无形支持两个维度，其中，有形支持包括"我的组织有许多设计好的项目和政策，用来帮助员工平衡工作与家庭生活""我的组织会主动帮助那些发生工作-家庭冲突的员工""我的组织在支持员工及其家庭方面主动投入钱，并为之付出努力"等 6 个题项，无形支持则包括"我的组织对于面临工作-家庭冲突的员工表示非常理解""一般而言，我的组织非常支持员工履行其家庭职责"和"我们的真实想法是，组织很尊重我们想平衡工作与家庭职责的欲望"3 个题项。因而，本书也采用 Jahn 等人的量表来测量感知的组织家庭支持这一构念。

3.2.2　对感知的组织家庭支持量表的信度和效度分析

（1）信度分析。基于 787 个全部数据，应用 SPSS 软件，对感知的组织家庭支持量表进行了信度分析，结果显示该量表内部一致性信度系数 α 值为 0.948，在可接受水平 0.70 以上（Nunnally，1978）；量表的组合信度 CR 值为 0.957，这说明该量表具有较好的信度。

（2）效度分析。此部分，根据前文 Jahn 关于感知的组织家庭支持维度结构，本书构建了相应的验证性模型，本书应用 AMOS 软件，基于 787 个全部样本数据，对该模型进行分析，对该模型分析的拟合指标值具体如表 3-2 所示。根据表 3-2，在初始模型 Model0 中，大多数拟合指标均达到理想水平，其中，GFI 值为 0.934，大于可接受水平 0.90；NFI 值为 0.961，大于可接受水平 0.90；RFI 值为 0.946，大于可接受水平 0.90；CFI 值为 0.965，也大于可接受水平 0.90；但仍有两个拟合指标未达到理想水平，χ^2/df 值为 9.492，大于可接受水平 5，RMSEA 值为 0.104，大于可接受水平 0.08。

表 3-2　　　　感知的组织家庭支持验证性因子分析拟合指数表

指标	df	χ^2	χ^2/df	P	GFI	NFI	RFI	CFI	RMSEA
Model0	26	246.783	9.492	0.000	0.934	0.961	0.946	0.965	0.104
Model1	25	198.062	7.922	0.000	0.948	0.969	0.955	0.972	0.094
Model2	24	145.325	6.055	0.000	0.960	0.977	0.965	0.981	0.080
Model3	23	98.666	4.290	0.000	0.973	0.984	0.976	0.988	0.065

　　根据 MI 修正指数，在 e1 和 e2 之间具有相关性，其中 e1 对应题项 POFS01 "我的组织有许多设计好的项目和政策，用来帮助员工平衡工作与家庭生活"，e2 对应题项 POFS02 "我的组织会主动帮助那些发生工作-家庭冲突的员工"，两个题项的内容较为相近，都旨在帮助员工平衡其工作职责和家庭责任，因而，连接 e1 和 e2 得到新模型 Model1。继续应用 AMOS 软件，基于 787 个全部有效数据，对 Model1 进行重新分析，其拟合结果如表 3-2 所示。根据表 3-2，在 Model1 中，各项拟合指标均有所提高，其中，GFI 值提高到 0.948，NFI 值提高到 0.969，RFI 值提高到 0.955，CFI 值提高到 0.972，由此可见，GFI 值、NFI 值、RFI 值和 CFI 值均达到可接受水平 0.90，且数值更为理想，但其他两个拟合指标 χ^2/df 值和 RMSEA 值，前者为 7.922，虽然有所减小，但仍大于理想水平 5，而 RMSEA 值降低为 0.094，但仍高于可接受水平 0.08。因而，应进一步对 Model1 进行修正。

　　根据 MI 修正指数，e3 和 e4 之间具有相关性，其中 e3 对应题项 POFS03 "我的组织在支持员工及其家庭方面主动投入钱，并为之付出努力"，e4 对应题项 POFS04 "在我的组织里，很容易就能够找到有关家庭支持的项目和计划"，后者题项中提及的项目和计划即是前者题项主动投入前的具体表现，故连接 e3 和 e4 得到新模型 Model2。应用 AMOS 软件，基于 787 个全部有效数据，对 Model2 进行重新分析，结果如表 3-2 所示。根据表 3-2，在 Model2 中，各项拟合指标值均有所改善，这具体表现在：GFI 值、NFI 值、RFI 值和 CFI 值均进一步提高，其中 GFI 值提高为 0.960，NFI 值提高为 0.977，RFI 值提高为 0.965，CFI 值提高为 0.981，均大于可接受水平 0.90，而其他两项拟合指标 χ^2/df 值和 RMSEA 值虽然都有所降低，但均未达到理想水平，其中 χ^2/df 值降低为 6.055，仍大于可接受水平 5，而 RMSEA 值降低为 0.08，虽然等同于临界值，仍未小于可接受水平 0.08，因而，仍需对模型 Model2 进行进一步的修正和完善。

根据 MI 修正指数，e2 和 e3 之间具有相关性，其中，e2 对应题项"我的组织会主动帮助那些发生工作-家庭冲突的员工"，e3 对应题项"我的组织在支持员工及其家庭方面主动投入钱，并为之付出努力"，两个题项在表述上具有相近性，都旨在帮助员工管理其工作-家庭关系，从而促进积极工作-家庭关系的实现，故连接 e2 和 e3，并得到新模型 Model3。基于 787 个全部有效数据，应用 AMOS 软件，对新模型 Model3 进行重新分析，结果如表 3-2 所示。根据表 3-2，在 Model3 中，各项拟合指标继续改善，并均达到可接受水平。具体而言，GFI 值、NFI 值、RFI 值和 CFI 值进一步提高，其中，GFI 值提高到 0.973，NFI 值提高到 0.984，RFI 值提高到 0.976，CFI 值提高到 0.988，均远大于可接受水平 0.90，而其他两项拟合指标 χ^2/df 值和 RMSEA 值也得到了进一步改善，其中，χ^2/df 值降低为 4.290，低于可接受水平 5，而 RMSEA 值降低为 0.065，低于可接受水平 0.08。这意味着，感知的组织家庭支持二因子结构得到验证。这表明该量表具有较好的聚敛效度。

根据上述因子结构，感知的组织家庭支持量表的各题项因子载荷值如表 3-3 所示。根据表 3-3，POFS01 对应因子载荷值为 0.77，POFS02 对应因子载荷值为 0.79，POFS03 对应因子载荷值为 0.83，POFS04 对应因子载荷值为 0.87，POFS05 对应因子载荷值为 0.91，POFS06 对应因子载荷值为 0.91，POFS07 对应因子载荷值为 0.86，POFS08 对应因子载荷值为 0.83，POFS09 对应因子载荷值为 0.82。由此可见，各题项因子载荷值均在 0.60 以上。根据各题项的因子载荷值计算得该量表的平均方差提取量 AVE 值为 0.7133，远大于 0.5，这表明量表具有较好的区分效度。

表 3-3　　　　感知的组织家庭支持量表各题项因子载荷值表

维度	有形支持						无形支持		
题项序号	1	2	3	4	5	6	7	8	9
因子载荷	0.77	0.79	0.83	0.87	0.91	0.91	0.86	0.83	0.82

3.3　心理资源量表在中国情境下的检验

3.3.1　关于心理资源量表

如前文所述，Greenhaus 和 Powell 于 2006 年提出了工作-家庭增益双路径模型，其中一条路径是通过包括心理资源等多种资源变量发生。尽管 Greenhaus 和 Powell 对该路径的作用机理进行了理论阐释，但并未给出相应的测量量表。幸运的是，Powell 和 Chen 于 2012 年发表了一篇有关工作-家庭冲突和工作-家庭增益的论文，他们在文中基于工作-家庭增益双路径模型及资源保护理论开发了一份包括 9 个题项的心理资源量表，具体包括"对自己感到满意""有信心能够成功""自我价值感""乐观""掌控自己的生活"等，并证明该量表具有良好的信度和效度，故本书也采用该量表来测量心理资源构念。

3.3.2　心理资源量表的信效度分析

（1）信度分析。基于 787 个全部数据，应用 SPSS 软件，对心理资源量表的信度进行分析。结果显示该量表内部一致性信度系数 α 值为 0.946，远大于可接受水平 0.70；组合信度 CR 值为 0.946，这表明心理资源量表具有较高的信度。

（2）效度分析。本书依据前文 Greenhaus 和 Powell 关于心理资源的定义，建立相应的验证性模型，并基于 787 个全部样本数据，应用 AMOS 统计软件，对心理资源量表进行验证性因子分析，其拟合指标值如表 3-4 所示。

表 3-4　　　　　　　　　　心理资源验证性因子分析拟合指数表

指标	df	χ^2	χ^2/df	P	GFI	NFI	RFI	CFI	RMSEA
Model0	27	320.974	11.888	0.000	0.905	0.947	0.929	0.951	0.118
Model1	26	243.394	9.361	0.000	0.934	0.960	0.944	0.964	0.103
Model2	25	183.090	7.324	0.000	0.950	0.970	0.957	0.974	0.090
Model3	24	144.427	6.018	0.000	0.961	0.976	0.964	0.980	0.080
Model4	23	79.470	3.455	0.000	0.977	0.987	0.979	0.991	0.056

根据表 3-4，在初始模型 Model0 中，GFI 值为 0.905，大于可接受水平 0.90；NFI 值为 0.947，大于可接受水平 0.90；RFI 值为 0.929，大于可接受水平 0.90；CFI 值为 0.951，大于可接受水平 0.90；尽管如此，仍有两项拟合指标未达到理想水平，这两项拟合指标分别是 χ^2/df 值和 RMSEA 值，前者数值为 11.888，远大于可接受水平 5，后者数值为 0.118，远大于可接受水平 0.08，因而，应对初始模型 Model0 进行修正。

根据 MI 修正指数，e2 和 e3 之间有相关性，其中，e2 对应题项 PSY02 "有信心能够成功"，e3 对应题项 PSY03 "自我价值感"。若一个人对自己充满信心，那么，他也必然会认同自己的价值，因而，两个题项之间在表述和逻辑上都具有相关性，故连接 e2 和 e3，得到新模型 Model1。基于 787 个全部有效数据，应用 AMOS 软件对 Model1 进行重新分析，结果如表 3-4 所示。根据表 3-4，在 Model1 中，各项拟合指数都有所改善，GFI 值、NFI 值、RFI 值和 CFI 值都继续提高，χ^2/df 值和 RMSEA 值都有所减小，其中，GFI 值提高为 0.934，NFI 值提高为 0.960，RFI 值提高为 0.944，CFI 值提高为 0.964，均大于可接受水平 0.90。然而，虽然 χ^2/df 值降低为 9.361，但仍远大于可接受水平 5，而 RMSEA 值虽然降低为 0.103，但也仍高于可接受水平 0.08，因此，仍需对模型 Model1 进行修正。

根据 MI 修正指数，e7 和 e8 之间具有相关性，其中 e7 对应题项 PSY07 "处理自己遇到大部分问题的能力"，e8 对应题项 PSY08 "成功完成任务的能力"。这两个问题都在描述个体应对问题的能力，在表述上具有相关性，因此连接 e7 和 e8，得到新模型 Model2。基于 787 个全部有效数据，应用 AMOS 软件对 Model2 进行重新分析，结果如表 3-4 所示。根据表 3-4，在 Model2 中，各项拟合指数继续改善，GFI 值、NFI 值、RFI 值和 CFI 值继续提高，χ^2/df 值和 RMSEA 值继续降低，其中，GFI 值提高为 0.950，NFI 值为 0.970，RFI 值为 0.957，CFI 值为 0.974，均大于可接受水平 0.90；χ^2/df 值降低为 7.324，但仍大于可接受水平 5，RMSEA 值降低为 0.090，仍大于可接受水平 0.08。据此，修正后的新模型 Model2 仍然不理想，仍需做进一步的修正和调整。

根据 MI 修正指数，e1 和 e2 之间具有相关性，e1 对应题项 PSY01 "对自己感到满意"，e2 对应题项 PSY02 "有信心能够成功"。无论是对自己感到满意还是有信心能够成功，均是个体对自己的积极描述，两个题项之间具有相关性，因而，连接 e1 和 e2 得到新模型 Model3。基于 787 个全部有效数据，应用 AMOS 软件对 Model3 进行重新分析，结果如表 3-4 所示。根据表 3-4，在 Model3 中，各项拟合指数继续改善，其中 GFI 值、NFI 值、RFI 值和 CFI 值继续提高，提高之后的值分别为 0.961，0.976，0.964 和 0.980，远大于可接受水平 0.90，而 RMSEA 的值也降低到可接受水平临界值 0.08，但是，χ^2/df 这项拟合指标值虽然有所降低，其值为 6.018，但仍未达到可接受水平 5，这意味着，仍需对模型 Model3 进行进一步的修正。

根据 MI 修正指数，e1 和 e3 之间具有相关性，其中，e1 对应题项 PSY01 "对自己感到满意"，e3 对应题项 PSY03 "自我价值感"。若个体认为自身很有价值，那么也必然对自己感到满意，因而，两个题项在表述和逻辑上均有相关性，故连接 e1 和 e3 形成新的模型 Model4。基于 787 个全部有效数据，应用 AMOS 软件对 Model4 进行重新分析，结果如表 3-4 所示。根据表 3-4，在模型 Model4 中，各项拟合指标值继续改善，并均达到可接受水平。具体而言，GFI 值提高为 0.977，大于可接受水平 0.90；NFI 值提高为 0.987，大于可接受水平 0.90；RFI 值提高为 0.979，大于可接受水平 0.90；CFI 值为 0.991，大于可接受水平 0.90；χ^2/df 值为 3.455，小于可接受水平 5；RMSEA 值为 0.056，小于可接受水平 0.080。这意味着，心理资源单因子结构得到验证，同时也表明该量表具有良好的聚敛效度。

根据上述因子结构，心理资源量表各题项因子载荷值具体如表 3-5 所示。具体而言，根据表 3-5，题项 PSY01 对应因子载荷值为 0.71，题项 PSY02 对应因子载荷值为 0.80，题项 PSY03 对应因子载荷值为 0.81，题项 PSY04 对应因子载荷值为 0.86，题项 PSY05 对应因子载荷值为 0.80，题项 PSY06 对应因子载荷值为 0.83，题项 PSY07 对应因子载荷值为 0.86，题项 PSY08 对应因子载荷值为 0.84，题项 PSY09 对应因子载荷值为 0.82。根据各题项因子载荷值可知该量表方差提取量 AVE 的值为 0.665，远大于 0.5，这表明该量表具有良好的区分效度。

表 3-5　　　　心理资源量表各题项因子载荷值表

题项序号	1	2	3	4	5	6	7	8	9
因子载荷	0.71	0.80	0.81	0.86	0.80	0.83	0.86	0.84	0.82

3.4　积极情感量表在中国情境下的检验

3.4.1　关于积极情感量表

有关情感的测量，目前有多个量表，如 Diener 和 Emmons 于 1984 年开发的量表、Bradburn 于 1969 年开发的量表。然而，相关研究表明，这些量表存在一个较大不足即积极情感量表中的某些题项可以用来描述消极情感，而消极情感量表中的某些题项也可以用来描述积极情感，换言之，两类量表中的题项具有相关性。而且，一些量表的信度和效度水平较低，如被广泛应用的 Bradburn 开发的积极情感量表，其内部一致性信度系数水平 α 值仅为 0.54，远低于可接受水平 0.70。在这种情况下，Watson 等人于 1988 年开发了 PANAS 量表，用于测量积极情感和消极情感。在该量表中，积极情感量表中的题项仅能用于测量积极情感，与消极情感不相关，消极情感量表中的题项仅能用于测量消极情感，与积极情感不相关，这就克服了之前学者在题项选择上的不足。

而且，相关研究表明，该量表具有较高的信度，内部一致性信度系数为 0.896，正因为如此被广大学者采用，且被译成多种语言。据此，本书也采用 PANAS 量表中的 PAS 子量表来测量本书的积极情感变量。PAS 量表中共有 10 个题项，包括"热情""感兴趣""坚决""兴奋"等。

3.4.2　积极情感量表的信效度分析

（1）积极情感的信度分析。

应用 SPSS 软件，基于 787 个全部有效数据，对积极情感量表进行信度检验。结果显示内部一致性信度系数 α 值为 0.945，远大于可接受水平 0.70；组合信度 CR 值为 0.95，这表明积极情感量表具有较好的信度。

（2）积极情感的效度分析。

如前文所述，积极情感构念是单维度的，共包括 10 个题项，据此构建相应的验证性模型，应用 AMOS 软件，基于 787 个有效数据，对该量表进行验证性因子分析。该模型拟合指标值如表 3-6 所示。

表 3-6　　　　　　　　积极情感验证性因子分析拟合指数表

指标	df	χ^2	χ^2/df	P	GFI	NFI	RFI	CFI	RMSEA
Model0	35	454.166	12.976	0.000	0.879	0.935	0.917	0.940	0.123
Model1	34	328.102	9.650	0.000	0.911	0.953	0.938	0.958	0.105
Model2	33	268.495	8.136	0.000	0.927	0.962	0.948	0.966	0.095
Model3	32	220.968	6.905	0.000	0.942	0.968	0.956	0.973	0.087
Model4	31	196.701	6.345	0.000	0.949	0.973	0.959	0.976	0.082
Model5	30	177.002	5.900	0.000	0.953	0.975	0.962	0.979	0.079
Model6	29	154.092	5.341	0.000	0.961	0.978	0.966	0.982	0.074
Model7	28	136.305	4.868	0.000	0.966	0.981	0.969	0.984	0.070

根据表 3-6，初始模型 Model0 拟合效果不是十分理想。尽管 NFI 值为 0.935，大于可接受水平 0.90，RFI 值为 0.917，大于可接受水平 0.90，CFI 值为 0.940，大于可接受水平 0.90，换言之，NFI 值、RFI 值

和 CFI 值均达到可接受水平，但其他拟合指标均未达到可接受水平，χ^2/df 值为 12.976，远大于可接受水平 5，GFI 值为 0.879，低于可接受水平 0.90，而 RMSEA 值也较大，为 0.123，远大于可接受水平 0.08。因而，仍需对初始模型 Model0 进行进一步的修正和调整。

根据 MI 修正指数，e1 和 e2 之间具有相关性，e1 对应题项"热情"，e2 对应题项"感兴趣"。若个体对某件事情感兴趣，则会表现出较大的热情，二者在描述上具有相关性，因而，连接 e1 和 e2，连接之后的新模型称之为 Model1。基于 787 个全部有效数据，应用 AMOS 软件对 Model1 进行重新分析，结果如表 3-6 所示。根据表 3-6，结果显示各拟合指标得到改善，GFI 值由原来未达到可接受水平提高到可接受水平 0.911，NFI 值、RFI 值和 CFI 值进一步提高，分别提高为 0.953、0.938 和 0.958，但是其他两个拟合指标 χ^2/df 和 RMSEA 虽然逐渐降低，但仍未达到理想水平，前者为 9.650，远大于可接受水平 5，而 RMSEA 值为 0.105，远大于可接受水平 0.08。所以，仍需对模型 Model1 进行进一步的调整和修正。

根据 MI 修正指数，e2 和 e3 之间具有相关性，e2 对应题项"感兴趣"，e3 对应题项"坚决"。若个体对一件事情或一项任务感兴趣，则会下定决心，将其完成，因而，两者表述具有相近性。于是连接 e2 和 e3，并形成新的模型 Model2。基于 787 个全部有效数据，应用 AMOS 软件对 Model2 进行重新分析，结果如表 3-6 所示。根据表 3-6，结果显示，各项拟合指标继续改善，其中，GFI 值提高为 0.927，NFI 值提高为 0.962，RFI 值提高为 0.948，CFI 值提高为 0.966，均大于可接受水平 0.90，然而，其他两项拟合指标值 χ^2/df 值和 RMSEA 值虽然有所降低，但仍未达到可接受水平。前者降低为 8.136，大于可接受水平 5，后者降低为 0.095，大于可接受水平 0.08。因而，需要对 Model2 进行进一步的修改和调整。

根据 MI 修正指数，e4 和 e5 之间具有相关性，e4 对应题项"兴奋"，e5 对应题项"受鼓舞"。若个体因为某个人或某件事而受鼓舞，也必然会产生兴奋的情感，二者在表述和逻辑上均具有相关性，因而连接 e4 和 e5，形成新的模型 Model3。基于 787 个全部有效数据，应用

AMOS 软件对 Model3 进行重新分析，结果如表 3-6 所示。根据表 3-6，在 Model3 中，各项拟合指标继续改善，其中 GFI 值提高为 0.942，NFI 值提高为 0.968，RFI 值提高为 0.956，CFI 值提高为 0.973，均大于可接受水平 0.90。尽管 GFI 值、NFI 值、RFI 值和 CFI 值都较为理想，但其他两项拟合指标却仍然不理想。χ^2/df 值降低为 6.905，但仍高于可接受水平 5，RMSEA 值降低为 0.087，虽然接近可接受水平 0.08，但其值仍然有些高。据此，仍需对模型 Model3 进行进一步的修正。

根据 MI 修正指数，e9 和 e10 之间具有相关性，e9 对应题项"自豪"，e10 对应题项"专心"，若个体对某项任务较为专心，在能够提高绩效的同时，也能够提高个体的自信心，即自豪感，两个题项在表述上具有相近性，故可以连接 e9 和 e10 形成新的模型 Model4。应用 AMOS 软件对 Model4 重新进行验证性因子分析，结果显示，各项拟合指标继续改善。在上几个模型中已经达到理想水平的几项指标，包括 GFI 值、NFI 值、RFI 值和 CFI 值进一步提高，趋于理想，GFI 值提高为 0.949，NFI 值提高为 0.973，RFI 值提高为 0.959，CFI 值提高为 0.976，远大于可接受水平 0.90。但 χ^2/df 值和 RMSEA 值仍然不理想，前者降低为 6.345，仍高于可接受水平 5，后者降低为 0.082，进一步接近可接受水平 0.08，但仍高于 0.08，这意味着模型仍未拟合理想，仍需进一步地调整和修正。

根据 MI 修正指数，e2 和 e4 之间具有相关性，e2 对应题项"感兴趣"，e4 对应题项"兴奋"。若个体对某项任务感兴趣，便会自觉地投入更多的时间和精力，而做自己感兴趣的任务更会增加个体本身的兴奋程度，所以，两个题项在表述和逻辑上具有相关性，连接 e2 和 e4 形成新的模型 Model5。基于 787 个全部有效数据，应用 AMOS 软件对 Model5 进行重新分析，结果如表 3-6 所示。根据表 3-6，在 Model5 中，各项拟合指标值进一步改善，这主要体现在原本一直高于可接受水平的 RMSEA 值降低为 0.079，已低于 0.08 的可接受水平，而原本已达到可接受水平的拟合指标 GFI 值、NFI 值、RFI 值和 CFI 值进一步提高，GFI 值提高为 0.953，NFI 值提高为 0.975，RFI 值提高为 0.962，CFI 值提高为 0.979。但是，尽管如此，一项重要拟合指标值，即 χ^2/df

值虽然有所降低，降低为 5.900，但仍高于可接受水平 5，所以，应对模型 Model5 进行进一步的修正和完善。

根据 MI 修正指数，e3 和 e4 之间存在相关性，e3 对应题项"坚决"，e4 对应题项"兴奋"。一项能让个体感觉兴奋的任务，也定会增加个体的决心，即表现为坚决，两个题项在表述和内涵上都具有相近性，连接 e3 和 e4 形成新的模型 Model6。应用 AMOS 软件对形成的模型 Model6 再次进行验证性因子分析，即重新拟合。结果显示，各项拟合指标进一步改善，指标值逐步趋于可接受水平。在所有拟合指标中，GFI 值、NFI 值、RFI 值、CFI 值以及 RMSEA 值均已达到可接受水平。GFI 值提高为 0.961，NFI 值提高为 0.978，RFI 值提高为 0.966，CFI 值提高为 0.982，均远大于可接受水平 0.90，而 RMSEA 值也进一步改善，降低为 0.074，低于可接受水平 0.08。但 χ^2/df 拟合指标值仍未达到可接受水平，其值为 5.341，还高于可接受水平 5，这意味着，仍需对模型 Model6 做进一步的调整和修正。

根据 MI 修正指数，e6 和 e7 之间具有相关性，e6 对应题项"警觉"，e7 对应题项"主动"。若个体对某项任务或某人产生了警惕性，便会产生主动观察的动机，两个题项在逻辑和内涵上存在相关性，连接 e6 和 e7，并形成新的模型 Model7。如前文所述，应用 AMOS 软件对新形成的结构模型 Model7 重新进行验证性因子分析。此次拟合效果较好，结果显示各项拟合指标均达到可接受水平。具体而言，χ^2/df 值降低为 4.868，小于可接受水平 5；GFI 值提高为 0.966，远大于可接受水平 0.90，；NFI 值提高为 0.981，远大于可接受水平 0.90；RFI 值提高为 0.969，远大于可接受水平 0.90；CFI 值提高为 0.984，远大于可接受水平 0.90；RMSEA 值降低为 0.070，低于可接受水平 0.08。这意味着，积极情感单因子结构得到验证。这表明该量表具有较好的聚敛效度。

根据上述因子结构，积极情感各题项因子载荷值如表 3-7 所示。根据表 3-7，题项 PA01 因子载荷值为 0.80，PA02 因子载荷值为 0.81，PA03 因子载荷值为 0.83，PA04 因子载荷值为 0.81，PA05 因子载荷值为 0.82，PA06 因子载荷值为 0.71，PA07 因子载荷值为 0.86，PA08 因子载荷值为 0.85，PA09 因子载荷值为 0.83，PA10 因子载荷值为 0.83，均大于 0.60。根据因子载荷值计算得出方差提取量 AVE 为 0.666，大于可接受水平 0.5，这表明该量表具有较好的区分效度。

表 3-7　　　　　　　积极情感各题项因子载荷值表

题项序号	1	2	3	4	5	6	7	8	9	10
因子载荷	0.80	0.81	0.83	0.81	0.82	0.71	0.86	0.85	0.83	0.83

3.5　工作-家庭分割偏好量表在中国情境下的检验

3.5.1　关于工作-家庭分割偏好量表

如前文所述，学者们对工作-家庭分割的偏好主要从个体视角、组织视角和个体与组织匹配三个视角进行，且有越来越多的学者基于人与环境匹配理论，从个人与组织匹配的视角进行有关工作-家庭分割偏好的实证研究。值得一提的是，Kreiner（2006）不但做了此方面的尝试，还开发了一个既能用于测试个体对分割或融合管理策略偏好的量表，同时也能用于测量组织对分割或融合管理策略偏好程度的量表，且均具有较高的信度，前者内部一致性信度系数 α 值为 0.91，后者内部一致性信度系数 α 值为 0.94。据此，本书也采用 Kreiner 关于工作-家庭分割偏好的量表。具体而言，这一量表将工作-家庭分割构念看作单一维度，共用 4 个题项进行测量，这 4 个题项分别是"我不喜欢在家的时候还要考虑工作事宜""我更喜欢把工作生活控制在工作时间内，即仅在工作时间考虑工作事宜""我不喜欢工作的事情干扰我的家庭生活"和"我喜欢回家以后就能够不考虑工作相关事宜"。

3.5.2　工作-家庭分割偏好量表的信效度分析

（1）信度分析。首先应用 SPSS 软件，基于本书所收集到的全部 787 个样本，对工作-家庭分割偏好量表进行信度分析。结果显示，该量表的内部一致性信度系数 α 值为 0.877，大于可接受水平 0.70；组合信度 CR 值为 0.872，这表明该量表具有较好的信度。

（2）效度分析。本书应用 AMOS 软件，基于 787 个全部样本数据，根据前文的因子结构，对工作-家庭分割偏好量表进行验证性因子分析，其各项拟合指标值结果如表 3-8 所示。结果显示，工作-家庭分割偏好验证性因子拟合结果较好。尽管 χ^2/df 值为 5.358，略高于可接受水平 5，但其他各项拟合指标均较好，因而也是可以接受的。具体而言，GFI 值为 0.990，远高于可接受水平 0.90；NFI 值为 0.990，远高于可接受水平 0.90；RFI 值为 0.971，远高于可接受水平 0.90；CFI 值为 0.991，远高于可接受水平 0.90；RMSEA 值为 0.073，低于可接受水平 0.08。这意味着，工作-家庭分割的单因子结构得到验证，同时也表明该量表具有较好的聚敛效度。

表 3-8　　　　工作-家庭分割偏好验证性因子分析拟合指数表

指标	df	χ^2	χ^2/df	P	GFI	NFI	RFI	CFI	RMSEA
Model0	2	10.707	5.358	0.000	0.990	0.990	0.971	0.991	0.073

根据上述因子结构，工作-家庭分割量表各题项因子载荷值如表 3-9 所示。根据表 3-9，WFSP01 题项的因子载荷值为 0.71，WFSP02 题项的因子载荷值为 0.81，WFSP03 题项的因子载荷值为 0.83，WFSP04 题项的因子载荷值为 0.82，均大于 0.60。根据各因子载荷值可得方差提取量 AVE 的值为 0.630，大于 0.5，这表明该量表具有较好的区分效度。

表 3-9　　　　工作-家庭分割偏好量表各题项因子载荷值表

题项序号	1	2	3	4
因子载荷	0.71	0.81	0.83	0.82

3.6　工作-家庭增益量表在中国情境下的检验

3.6.1　关于工作-家庭增益量表

Greenhaus 和 Powell 于 2006 年提出了工作-家庭增益的内涵，并提出了具有较大影响力的工作-家庭增益双路径模型，即工具性路径和情感性路径，但他们仅是基于理论探讨，并没有开发出专门针对工作-家庭增益的测量量表。而后的学者们基于这一内涵和理论模型进行了诸多进一步的理论探讨和实证研究，其中值得一提的研究是 Carlson 等学者于 2006 年发表在 Journal of Vocational Behavior 的一篇名为 Measuring the Positive Side of the Work-family Interface：Development and Validation of a Work-family Enrichment Scale 的论文，该论文以 Greenhaus 和 Powell 关于工作-家庭增益的内涵为基础，对工作-家庭增益在两个增益方向上的内涵进行进一步的细化，将两个增益方向的内涵均划分为三个维度。具体地，将工作对家庭增益划分为工作对家庭发展、工作对家庭情感以及工作对家庭资本三个维度，将家庭对工作增益划分为家庭对工作发展、家庭对工作情感以及家庭对工作效率三个维度。进一步地，Carlson 等人针对工作对家庭增益的三个维度开发了一项包含 9 个题项的工作对家庭增益量表，每个维度三个题项，其中工作对家庭发展维度包括"工作生活能够帮助我理解不同的观点，而这将有助于我成为一名更好的家庭成员"以及"工作生活能够帮助我获得更多的知识，而这将有助于我成为一名更好的家庭成员"等三个题项；工作对家庭情感包括"工作生活能够让我有好心情，而这将有助于我成为一名更好的家庭成员"和"工作生活能够让我感到幸福，而这将有助于我成为一名更好的家庭成员"等三个题项；工作对家庭资本包括"工作生活能够让我感觉到自我满足感，而这将有助于我成为一名更好的家庭成员"和"工作生活能够让我感觉到成就感，而这将有助于我成为一名更好的家庭成员"等三个题项。与此同时，Carlson 等人也针对家庭对工作增益的三个维度开发了一项包含 9 个题项的家庭对工作增益量表，每个维度三个题项，其中家庭对工作发展包括"家庭生活能够帮助我获得更多的知识，而这将有助于我成为一名更好的员工"、"家庭生活能够帮助我获得更多的技能，而这将有助于我成为一名更好的员工"等三个题项，家庭对工作情感包括"家庭生活能够让我有好心情，而这将有助于我成为一名更好的员工"、"家庭生活能够让我感到幸福，而这将有助于我成为一名更好的员工"等三个题项，家庭对工作效率则包括"家庭生活能够帮助我在工作时避免浪费时间，而这将有助于我成为一名更好的员工"、"家庭生活能够鼓励我在工作时专心，而这将有助于我成为一名更好的员工"等三个题项。

Carlson 等人针对工作-家庭增益两个方向编制的工作对家庭增益子量表和家庭对工作增益子量表均通过了信度和效度检验。具体而言，包括工作对家庭增益和家庭对工作增益两个方向，18 个题项的工作-家庭增益整体量表的内部一致性系数 α 值为 0.92，其中，包含 9 个题项的工作对家庭增益子量表的内部一致性系数 α 值为 0.92，而包括 9 个题项的家庭对工作增益子量表的内部一致性系数 α 值为 0.86。更为具体地，工作对家庭增益子量表三个维度的内部一致性信度系数及家庭对工作增益子量表三个维度的内部一致性信度系数如下：一方面，对于工作对家庭增益子量表，其工作对家庭发展维度内部一致性系数 α 值为 0.7，工作对家庭情感维度内部一致性系数 α 值为 0.91，工作对家庭资本维度内部一致性系数 α 值为 0.90；另一方面，对于家庭对工作增益子量表，其家庭对工作发展维度内部一致性系数 α 值为 0.87，家庭对工作情感维度内部一致性系数 α 值为 0.84，家庭对工作效率维度内部一致性系数 α 值为 0.82（Carlson et al.，2006）。因而，无论工作-家庭增益整个量表抑或其中的子量表，其内部一致性系数 α 值均大于 0.70，即都在可接受水平以上（Nunnally，1978）。也正是因为如此，这一量表已被多个学者采用，日益成为国际上较为通用的工作-家庭增益量表，如 Robot & Carlos（2012）、McNall et al.（2010）、Akram et al.（2014）等人的研究。特别地，国内学者闫淑敏等（2013）也基于这一量表进行了相关研究。

综上，本书也采用 Carlson 等人编制的工作-家庭增益量表来测量工作-家庭增益这一关键构念。

3.6.2　工作-家庭增益量表的信效度分析

由于工作-家庭增益包括工作对家庭增益和家庭对工作增益两个方向，每个方向上均包括三个不同的维度，而且，Carlson 等人在开发工作-家庭增益量表时也分工作对家庭增益和家庭对工作增益两个方向进行，因而，本书也将分别对工作对家庭增益子量表和家庭对工作增益子量表进行信效度分析。

（1）工作对家庭增益量表的信效度分析

首先，信度分析。用 SPSS 软件，基于 787 个全部有效问卷，对工作对家庭增益量表进行信度检验。结果显示，工作对家庭增益量表内部一致性信度系数 α 值为 0.965，远大于最低水平 0.70；组合信度 CR 值为 0.974，这表明该量表具有较高的信度。

其次，效度分析。基于 787 个全部有效数据，应用 AMOS 软件，根据 Carlson 等人提出的三维度结构构建工作对家庭增益验证模型，对其进行验证性因子分析，其拟合结果如表 3-10 所示。根据表 3-10，初始模型拟合效果非常理想，各项拟合指标值均达到可接受的理想水平。具体而言，χ^2/df 值为 3.973，小于可接受水平 5；GFI 值为 0.974，大于可接受水平 0.90；NFI 值为 0.988，大于可接受水平 0.90；RFI 值为 0.982，大于可接受水平 0.90；CFI 值为 0.991，大于可接受水平 0.90；RMSEA 值为 0.062，低于可接受水平 0.08。这意味着，工作对家庭增益的三因子结构得到验证，同时也意味着该量表具有较好的聚敛效度。

表 3-10　　　　工作对家庭增益验证性因子分析拟合指数表

指标	df	χ^2	χ^2/df	P	GFI	NFI	RFI	CFI	RMSEA
Model0	24	95.356	3.973	0.000	0.974	0.988	0.982	0.991	0.062

根据上述因子结构，工作对家庭增益各题项的因子载荷值如表 3-11 所示。根据表 3-11，WFE01 题项的因子载荷值为 0.85，WFE02 题项的因子载荷值为 0.90，WFE03 题项的因子载荷值为 0.89，WFE04 题项的因子载荷值为 0.89，WFE05 题项的因子载荷值为 0.92，WFE06 题项的因子载荷值为 0.92，WFE07 题项的因子载荷值为 0.90，WFE08 题项的因子载荷值为 0.90，WFE09 题项的因子载荷值为 0.90。这表明，各题项因子载荷值均大于 0.60。根据各题项因子载荷值可得平均方差提取量 AVE 的值为 0.804，大于 0.5，这表明该量表具有较好的区分效度。

表 3-11 工作对家庭增益各题项因子载荷值表

维度	工作对家庭发展			工作对家庭情感			工作对家庭资本		
题项序号	1	2	3	4	5	6	7	8	9
因子载荷	0.85	0.90	0.89	0.89	0.92	0.92	0.90	0.90	0.90

（2）家庭对工作增益量表的信效度分析

首先，信度分析。首先应用 SPSS 统计软件，基于 787 个有效问卷对工作-家庭增益量表中的家庭对工作增益子量表进行信度分析。结果显示家庭对工作增益子量表内部一致性信度系数 α 值为 0.966，远大于可接受水平 0.70；组合信度 CR 值为 0.9762，这表明家庭对工作增益子量表具有良好的信度。

其次，效度分析。应用 AMOS 软件，基于 787 个有效问卷，根据前文所建立的家庭对工作增益三维度结构构建验证模型，对家庭对工作增益量表进行验证性因子分析，该模型拟合结果如表 3-12 所示。根据表 3-12，初始模型 Model0 拟合效果并不是特别理想，尽管 GFI 值、NFI 值、RFI 值、CFI 值拟合指标已达到了可接受水平，但有些拟合指标如 χ^2/df 值以及 RMSEA 值均未达到可接受水平。其中，GFI 值为 0.954，大于可接受水平 0.90；NFI 值为 0.979，大于可接受水平 0.90；RFI 值为 0.968，大于可接受水平 0.90；CFI 值为 0.982，大于可接受水平 0.90；χ^2/df 值为 7.182，大于可接受水平 5，而 RMSEA 值为 0.089，大于可接受水平 0.08。因而，需要对初始模型 Model0 进行进一步的修正和调整。

表 3-12 家庭对工作增益验证性因子分析拟合指数表

指标	df	χ^2	χ^2/df	P	GFI	NFI	RFI	CFI	RMSEA
Model0	24	172.364	7.182	0.000	0.954	0.979	0.968	0.982	0.089
Model1	23	140.185	6.095	0.000	0.962	0.983	0.973	0.986	0.081
Model2	22	111.118	5.051	0.000	0.971	0.986	0.978	0.989	0.072

根据 MI 修正指数，e3 和 e4 之间具有相关性，e3 对应题项 FWE03"家庭生活能够帮助我拓展我的知识，并学到新的知识，而这将有助于

我成为一名更好的员工"，e4 对应题项 FWE04 "家庭生活能够让我有好心情，而这将有助于我成为一名更好的员工"。若个体能够学到新的知识，这会增加个人的自我价值，从而提高对自我的评价，这一过程无疑会改善其"心情"，两个题项在论述和表述上均具有相关性，故连接 e3 和 e4 并形成新的模型 Model1。应用 AMOS 软件，基于 787 个全部数据，对 Model1 进行重新分析，拟合结果如表 3-12 所示。由表 3-12 可知，在 Model1 中，尽管各项拟合指标值均有所改善，但仍有些拟合指标值未达到可接受水平。具体而言，GFI 值提高到 0.962，NFI 值提高到 0.983，RFI 值提高到 0.973，CFI 值提高到 0.986，均远大于可接受水平 0.90；但其他两个指标值仍不理想，χ^2/df 值降低为 6.095，但仍高于可接受水平 5，而 RMSEA 值降低为 0.081，也仍高于可接受水平 0.08，故仍需对模型 Model1 做进一步的修正和调整。

根据 MI 修正指数，e6 和 e7 之间具有相关性，e6 对应题项 FWE06 "家庭生活能够让我感到快乐，而这将有助于我成为一名更好的员工"，e7 对应题项 FWE07 "家庭生活能够帮助我在工作时避免浪费时间，而这将有助于我成为一名更好的员工"。很多时候，个体的不快乐源于没有成就感，而这种没有成就感又来自于对时间的荒废，反之也成立，即若个体能够充分利用时间，这会让其感到快乐，所以，两个题项在逻辑和内容上具有相关性，所以，连接 e6 和 e7 形成新的模型 Model2。在 Model2 中，尽管 χ^2/df 值为 5.051，略微大于 5，接近临界值 5，但与此同时，其他拟合指标均达到可接受水平，其中 GFI 值提高为 0.971，远大于可接受水平 0.90，NFI 值提高为 0.986，远大于可接受水平 0.90；RFI 值提高为 0.978，远大于可接受水平 0.90；CFI 值提高为 0.989，远大于可接受水平 0.90；RMSEA 值降低为 0.072，低于可接受水平 0.08。这意味着，家庭对工作增益三因子模型被验证，也表明该量表具有较好的聚敛效度。

根据上述家庭对工作增益量表验证模型，其各题项因子载荷值如表 3-13 所示。具体而言，题项 FWE01 因子载荷值为 0.91，题项 FWE02 因子载荷值为 0.92，题项 FWE03 因子载荷值为 0.89，题项 FWE04 因子载荷值为 0.90，题项 FWE05 因子载荷值为 0.92，题项 FWE06 因子载荷值为 0.92，题项 FWE07 因子载荷值为 0.88，题项 FWE08 因子载荷值为 0.92，题项 FWE09 因子载荷值为 0.89，均超过 0.60。根据各题项因子载荷值可得平均方差提取量 AVE 的值为 0.82，大于 0.5，这表明该量表具有较好的区分效度。

表 3-13　　　　　　　家庭对工作增益量表各题项因子载荷值表

维度	家庭对工作发展			家庭对工作情感			家庭对工作效率		
题项序号	1	2	3	4	5	6	7	8	9
因子载荷	0.91	0.92	0.89	0.90	0.92	0.92	0.88	0.92	0.89

3.7　本章小结

由前文可知，本书所选取的关键变量，即自变量感知的组织家庭支持、因变量工作-家庭增益、中介变量积极情感和心理资源以及调节变量工作-家庭分割均是较新的构念，但学者们均对这些构念进行了较为积极的探讨，并得出了诸多有益的结论。更为重要的是，学者们基于这些构念的内涵为各自变量开发了兼具较高信度和效度的成熟量表。然而，略有遗憾的是，这些成熟量表的开发以及相关研究的探讨均在西方背景下进行，因而，这些量表对于我国情境能否适用仍是需要进一步回答和探讨的问题。基于此，本书基于收集到的全部 787 个数据，应用SPSS 软件和 AMOS 软件分别对感知的组织家庭支持量表、心理资源量表、积极情感量表、工作-家庭分割偏好量表以及工作-家庭增益量表（包括工作对家庭增益子量表和家庭对工作增益子量表两部分）进行了信度分析和效度分析。在进行信度分析时，结果显示各变量量表的内部一致性信度系数 α 值均大于 0.70，即均在可接受水平之上。在进行效度分析时，本书对各变量进行了验证性因子分析，经过一些调整和修正之后，结果显示：包括 9 个题项的感知的组织家庭支持量表通过了二因子结构检验，各题项因子载荷值均远在 0.60 以上；包括 9 个题项的心理资源量表通过了单因子结构检验，且各题项因子载荷值均远在 0.60以上；包括 10 个题项的积极情感量表也通过了单因子结构检验，各题项因子载荷值均远在 0.60 以上；包括 4 个题项的工作–家庭分割偏好量表通过了单因子结构检验，各题项因子载荷值均远在 0.60 以上；在工作–家庭增益量表的两个子量表中，包括 9 个题项的工作对家庭增益子量表通过了三因子结构检验，各题项因子载荷值均远在 0.60 以上，而同样包括 9 个题项的家庭对工作增益子量表也通过了三因子结构检验，各题项因子载荷值均远在 0.60 以上。综上，本章内容为后文进行有关自变量感知的组织家庭支持对因变量工作–家庭增益直接影响效应的研究，有关中介变量心理资源和积极情感在自变量感知的组织家庭支持与因变量工作–家庭增益之间中介作用的研究，以及有关工作–家庭分割偏好在自变量感知的组织家庭支持与因变量工作–家庭增益之间的调节作用的研究奠定了基础。

4 感知的组织家庭支持对员工工作-家庭增益的直接影响效应

本章节在第 3 章有关感知的组织家庭支持量表和工作-家庭增益量表信度和效度检验的基础上，对前者对后者的直接影响效应进行研究。如前文所述，因变量工作-家庭增益包括工作对家庭增益和家庭对工作增益两个增益方向，每个增益方向均有各自的测量量表（Carlson et al., 2006），且，Frone（2003）和李原（2013）等学者提出，某个变量对工作-家庭增益两个增益方向的影响并不总是对等的，因而，本章也将依据工作-家庭增益两个增益方向来分别探讨感知的组织家庭支持对员工工作对家庭增益的直接影响效应和感知的组织家庭支持对员工家庭对工作增益的直接影响效应。本章所选取的拟合指标与第三章一致，即分别选取 χ^2/df 值、RMSEA 值、GFI 值三个绝对适配度指标以及 NFI 值、RFI 值和 CFI 值三个相对适配度指标来判定模型是否拟合理想，其中，χ^2/df 值小于 5 为可接受水平，RMSEA 值小于 0.08 为可接受水平，GFI 值、NFI 值、RFI 值以及 CFI

值都应大于 0.90 为可接受水平。

4.1 感知的组织家庭支持对员工工作对家庭增益的 直接影响效应

4.1.1 概念模型与研究假设

感知的组织家庭支持是感知的组织支持的重要组成部分。感知的组织支持（Perceived Organizational Support，POS），即指员工有关组织关心他们的所有信念和想法（Rhoades & Eisenberger，2002）。现有研究已经发现了感知的组织支持能够提高工作和生活满意度、降低离职意向和工作倦怠等多种积极效应（Roche & Maree，2010）。而根据组织支持理论（Organizational Support Theory），感知的组织支持之所以能够带来上述诸多积极结果是因为感知的组织支持能够满足员工的社会情感需要（Eisenberger et al.，1986；Rhoades & Eisenberger，2002）。而这种社会情感的满足不仅能够带来诸如高绩效等积极组织结果，而且能够为人们提供一种较好的心理历程，并能够应用在家庭生活领域，如工作-家庭增益（McNall et al.，2011）。属于感知的组织支持一部分的感知的组织家庭支持（Perceived Organizational Family Support，POFS），又称家庭支持型组织感知（Family Supportive Organization Perceptions，FSOP），具体指对能够决定员工对企业工作-家庭实践反应的整体环境的感知（Allen，2001）。

与感知的组织支持所具有的积极效用类似，学者们已经发现感知的组织家庭支持在提高员工工作满意度、生活满意度以及情感承诺等方面所具有的积极作用（Roche & Maree，2010；Wayne et al.，2013；Thompson et al.，2004）。特别地，也有学者探讨了感知的组织家庭支持对员工工作-家庭域的影响，如 Allen（2001）发现了感知的组织家庭支持与员工工作-家庭冲突之间的负相关关系，与此同时，Lapierre et al.（2008）等人也得出了类似的结论。Wayne et al.（2013）与其他学者探讨感知的组织家庭支持对员工工作域与家庭域关系影响的研究存在较大不同，他们基于积极心理学视角，选取员工工作-家庭增益这一积极工作-家庭域构念为结果变量，进而通过实证研究探讨感知的组织家庭支持对员工工作-家庭增益的关系，结果发现了感知的组织家庭支持与员工工作对家庭增益之间直接的正相关关系，与此同时，Carlson et al.（2006）也提出，工作-家庭增益实现的一类重要前因变量即是有关组织环境特征的。

综上，大多数学者探讨感知的组织家庭支持对员工工作-家庭域的影响时所选取的结果变量均为工作-家庭冲突，而缺乏其对工作-家庭增益这类积极工作域与家庭域结果变量的探讨，但尽管如此，感知的组织家庭支持所具有的积极作用是被学者们一致肯定的，而这一积极作用也非常有可能会渗透到员工工作-家庭域中。这是因为，根据感知的组织家庭支持的内涵，这是员工能够切身感受到的组织有关其家庭需求方面的支持，而这种支持无论是来自组织内部的正式支持还是来自主管等非正式的支持，对于满足员工家庭需求、帮助其承担家庭责任都具有重要意义。为此，本书提出如下研究假设：

H1：感知的组织家庭支持对员工工作对家庭增益具有显著的正向影响作用

由于感知的组织家庭支持包括有形支持和无形支持两个维度，工作对家庭增益包括工作对家庭发展、工作对家庭情感以及工作对家庭资本三个维度，因而，感知的组织家庭支持对员工工作对家庭增益的直接影响具体表现在如下六个方面：有形支持对员工工作对家庭发展的直接影响、有形支持对员工工作对家庭情感的直接影响、有形支持对员工工作对家庭资本的直接影响；无形支持对员工工作对家庭发展的直接影响、无形支持对员工工作对家庭情感的直接影响、无形支持对员工工作对家庭资本的直接影响。据此，感知的组织家庭支持对员工工作对家庭增益直接影响效应的研究假设模型如图4-1所示。

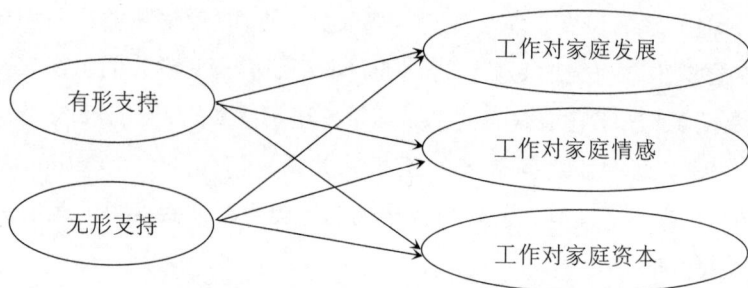

图 4-1　感知的组织家庭支持对员工工作对家庭增益直接影响效应假设模型

4.1.2　研究方法

如前文所述，本书采用 Jahn 等学者于 2003 年编制的 9 题项感知的组织家庭支持量表，其中 6 个题项用于测量有形支持，3 个题项用于测量无形支持，该量表具有较好的信度，内部一致性信度系数 α 值为 0.948，且采用 Likert5 点量表，1 代表完全不同意，2 代表较不同意，3 代表中等同意，4 代表很同意，5 代表非常同意。对工作对家庭增益变量的测量采用 Carlson et al. 于 2006 年编制的工作-家庭增益量表中的工作对家庭增益子量表。该量表共计 9 个题项，包括工作对家庭发展、工作对家庭情感和工作对家庭资本三个维度，每个维度 3 个题项，量表的内部一致性信度系数 α 值为 0.965。工作对家庭增益量表的测量也采用 Likert5 点量表，1 代表完全不同意，2 代表较不同意，3 代表中等同意，4 代表很同意，5 代表非常同意。

本部分基于上一章节有关感知的组织家庭支持和工作对家庭增益的验证性因子分析，以全部 787 个有效数据为研究样本，运用 AMOS 软件对感知的组织家庭支持对员工工作对家庭增益的直接影响效应进行探讨。

4.1.3　结构方程分析

如前文所构建的感知的组织家庭支持中有形支持和无形支持两个维度对工作对家庭增益中工作对家庭发展、工作对家庭情感和工作对家庭资本三个维度影响的全模型，基于 787 个全部有效数据，应用 AMOS

软件进行结构方程分析。

感知的组织家庭支持对员工工作对家庭增益直接影响全模型拟合结果见表 4-1。根据表 4-1，初始模型 Model0 拟合效果较为理想，各拟合指标值均在可接受水平。具体而言，χ^2/df 值为 2.978，小于可接受水平 5；GFI 值为 0.951，远大于可接受水平 0.90；NFI 值为 0.975，远大于可接受水平 0.90；RFI 值为 0.969，远大于可接受水平 0.90；CFI 值为 0.983，远大于可接受水平 0.90；RMSEA 值为 0.050，小于可接受水平 0.08。这表明，感知的组织家庭支持对员工工作对家庭增益的直接影响效应成立。

表 4-1　　**感知的组织家庭支持对员工工作对家庭增益**

直接影响效应拟合指数表

指标	χ^2	df	χ^2/df	P	GFI	NFI	RFI	CFI	RMSEA
Model0	363.282	122	2.978	0.000	0.951	0.975	0.969	0.983	0.050

［注］：所有拟合指标值均在 0.001 水平上显著。

进一步地，感知的组织家庭支持中有形支持和无形支持两个维度对工作对家庭增益中工作对家庭发展、工作对家庭情感以及工作对家庭资本三个维度的具体影响关系系数值见表 4-2。根据表 4-2，感知的组织家庭支持中有形支持维度对工作对家庭发展、工作对家庭情感及工作对家庭资本三个维度影响路径的 P 值分别为 0.583、0.371 和 0.239，这表明有形支持对工作对家庭增益三个维度的直接影响均不显著；感知的组织家庭支持中无形支持维度对工作对家庭发展、工作对家庭情感及工作对家庭资本均具有显著的直接影响，但对各自的具体影响系数不尽相同。具体而言，无形支持对工作对家庭发展影响的标准化路径系数为 0.686，无形支持对工作对家庭情感影响的标准化路径系数为 0.639，无形支持对工作对家庭资本影响的标准化路径系数为 0.761，且上述三个路径系数均在 0.001 水平上显著。这表明，在无形支持对员工工作对家庭增益的影响中，其对工作对家庭资本维度的影响最大，对工作对家庭发展维度的影响居中，而对工作对家庭情感维度的影响最小。

表 4-2　　　　感知的组织家庭支持对员工工作对家庭增益

直接影响关系的具体数值

路径	变量间关系	标准化路径系数	非标准化路径系数	标准误	CR值	P
1	有形支持→工作对家庭发展	0.037	0.042	0.076	0.549	0.583
2	有形支持→工作对家庭情感	0.060	0.073	0.081	0.895	0.371
3	有形支持→工作对家庭资本	−0.080	−0.093	0.078	−1.177	0.239
4	无形支持→工作对家庭发展	0.686	0.712	0.075	9.536	***
5	无形支持→工作对家庭情感	0.639	0.706	0.079	8.973	***
6	无形支持→工作对家庭资本	0.761	0.786	0.077	10.202	***

[注]：***表示 P 值小于 0.001。

　　据此，根据感知的组织家庭支持对员工工作对家庭增益直接影响效应的结构方程分析结果，二者之间直接影响效应的最终模型如图 4-2 所示。

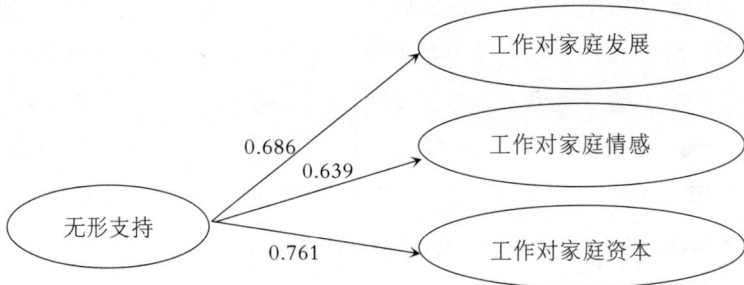

图 4-2　感知的组织家庭支持对员工工作对家庭增益直接影响效应模型

　　进一步地，由上述结构方程分析及相应的路径系数数值可知：感知的组织家庭支持中有形支持维度和无形支持两个维度对工作对家庭增益三个维度，即工作对家庭发展、工作对家庭情感及工作对家庭资本具有不同的直接影响效应。具体而言，感知的组织家庭支持中有形支持维度对工作对家庭发展、工作对家庭情感及工作对家庭资本三个维度均无显著的影响；而感知的组织家庭支持中无形支持维度对工作对家庭发展、工作对家庭情感以及工作对家庭资本均具有显著的正向影响。因而，假设 H1：感知的组织家庭支持对员工工作对家庭增益具有显著的正向影响作用得到部分验证。

本书认为之所以感知的组织家庭支持中有形支持对员工工作对家庭增益的直接影响效应未通过检验是因为：这部分有形支持是指对提供实际帮助和支持的项目的感知及相应信息资源的感知，在某种意义上有些类似于工作-家庭友好政策。而 Kofodings（1995）、Shellenbarger（1992）以及 Lobel & Kossek（1996）等学者已证实由于工作-家庭友好存在一些缺陷和不足，使其并不能够发挥真正促进员工积极的工作域与家庭域关系的形成的作用，因而，本书中感知的组织家庭支持中有形支持或许也具有组织内部工作-家庭友好政策所具有的不足，从而导致其对员工工作对家庭增益的影响不显著。

4.2 感知的组织家庭支持对员工家庭对工作增益的直接影响效应

4.2.1 概念模型与研究假设

如前文所述，感知的组织家庭支持是感知的组织支持的重要内容之一，而社会交换理论（Social Exchange Theory）是现有关于感知的组织支持研究内容的主要理论基础，诸多学者基于社会交换理论进行了大量的探讨和研究。具体地，Coyle-Shapiro 和 Conway（2005）认为，员工对其本人与组织之间互惠程度的评估能够对他们采取何种方式以及何种程度来回馈组织产生重要影响，这一观点与早期的社会交换理论一致。基于此，他们认为，感知的组织支持能够让员工产生强烈的回馈组织的感觉，而且能够促使员工采用更多的承诺和义务行为。因而，感知的组织支持能够带来工作满意、积极情绪、情感承诺、高绩效以及较少的工作退缩行为已被证实。特别地，也有学者基于社会交换理论探讨了感知的组织支持与员工工作-家庭干涉界面之间的关系，如 Casper et al.（2002）发现了感知的组织支持与员工工作-家庭冲突水平负相关，而 McNall et al.（2011）则验证了感知的组织支持这一环境因素确实能够带来员工的工作对家庭增益。

类似地，也有学者基于社会交换理论探讨了工作-家庭友好这一具体实践如何发挥应用的作用。Cole et al.（2002）认为，当员工在评估和判断目前企业所实行的家庭友好实践政策时，是其心理过程和心理均衡在起作用，而这一过程会帮助员工和企业之间实现互动关系。例如，Kossek et al.（2006）探讨了员工是如何看待"工作弹性"这项家庭福利政策的。进一步地，Flynn（2005）认为，员工在这种与组织之间相互交换关系中的行为在很大程度上取决于情景因素。由此可以看出，探讨社会交换关系的过程具有重要意义，尤其是探讨工作-家庭友好实践这类更具普遍性的福利措施就更为有意义。据此，Allen（2001）在感知的组织支持（POS）概念的基础上，提出了家庭支持型组织感知（FSOP）的构念，这是员工对能够影响其做出与企业工作-家庭实践相关的回应时所有工作环境的感知。

因而，个体能够感知到组织对其家庭需求等方面的关心，即具有较高水平的感知的组织家庭支持，他们会认为组织对其非常重视，而根据社会交换理论，员工会以更大的努力来对组织进行"回报"，而对组织进行回报的方式之一即是动用家中的一切资源来完成工作任务，进而提高工作绩效，而这一过程即是家庭对工作增益的实现过程。与此同时，Lapierre et al.（2008）等人认为，感知的组织家庭支持能够通过减少工作压力而对员工家庭干预工作界面产生积极的影响，并通过实证研究探讨了感知的组织家庭支持这一工作域因素对员工家庭对工作冲突的影响，最终发现二者之间确实存在着显著的负相关关系，这意味着，工作领域中的因素也确实能够对家庭干涉工作界面产生重要影响。

基于此，本书提出如下研究假设：

H2：感知的组织家庭支持对员工家庭对工作增益具有显著的正向影响作用

由于感知的组织家庭支持包括有形支持和无形支持两个维度，家庭对工作增益包括家庭对工作发展、家庭对工作情感以及家庭对工作效率三个维度，因而，感知的组织家庭支持对员工家庭对工作增益的直接影响具体表现在如下六个方面：有形支持对员工家庭对工作发展的直接影响、有形支持对员工家庭对工作情感的直接影响、有形支持对员工家庭对工作效率的直接影响；无形支持对员工家庭对工作发展的直接影响、无形支持对员工家庭对工作情感的直接影响、无形支持对员工家庭对工作效率的直接影响。据此，感知的组织家庭支持对员工家庭对工作增益直接影响效应的研究假设模型如图 4-3 所示。

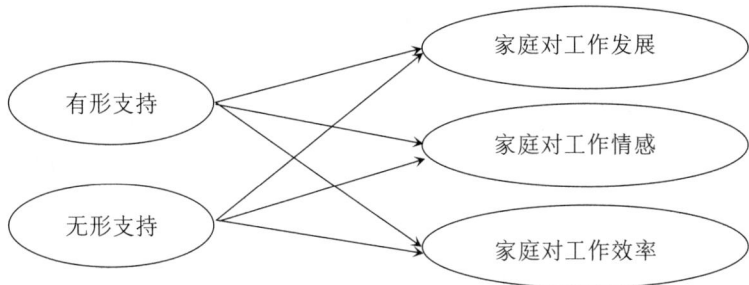

图 4-3　感知的组织家庭支持对员工家庭对工作增益直接影响效应假设模型

4.2.2　研究方法

如前文所述，本书采用 Jahn 等学者于 2003 年编制的 9 题项感知的组织家庭支持量表，其中 6 个题项用于测量有形支持，3 个题项用于测量无形支持，该量表具有较好的信度，内部一致性信度系数 α 值为 0.948，且采用 Likert5 点量表，1 代表完全不同意，2 代表较不同意，3 代表中等同意，4 代表很同意，5 代表非常同意。对工作对家庭增益变量的测量采用 Carlson et al. 于 2006 年编制的工作–家庭增益量表中的家庭对工作增益子量表。该量表共计 9 个题项，包括家庭对工作发展、家庭对工作情感和家庭对工作效率三个维度，每个维度 3 个题项，量表的内部一致性信度系数 α 值为 0.966。家庭对工作增益量表的测量也采用 Likert5 点量表，1 代表完全不同意，2 代表较不同意，3 代表中等同意，4 代表很同意，5 代表非常同意。

本部分基于上一章节有关感知的组织家庭支持和家庭对工作增益的验证性因子分析，以全部 787 个有效数据为研究样本，运用 AMOS 软件对感知的组织家庭支持对员工工作对家庭增益的直接影响效应进行探讨。

4.2.3　结构方程分析

如前文所构建的感知的组织家庭支持中有形支持和无形支持两个维度对家庭对工作增益中家庭对工作发展、家庭对工作情感和家庭对工作效率三个维度影响的全模型，基于 787 个全部有效数据，应用 AMOS 软件进行结构方程分析。

感知的组织家庭支持对员工家庭对工作增益直接影响全模型拟合结果见表 4-3。根据表 4-3，初始模型 Model0 拟合效果较为理想，各拟合指标值均在可接受水平。具体而言，χ^2/df 值为 2.945，小于可接受水平 5；GFI 值为 0.953，远大于可接受水平 0.90；NFI 值为 0.976，远大于可接受水平 0.90；RFI 值为 0.970，远大于可接受水平 0.90；CFI 值为 0.984，远大于可接受水平 0.90；RMSEA 值为 0.050，小于可接受水平 0.08。这表明，感知的组织家庭支持对员工家庭对工作增益直接影响效应成立。

表 4-3　　　　感知的组织家庭支持对员工家庭对工作增益
直接影响效应拟合指数表

指标	χ^2	df	χ^2/df	P	GFI	NFI	RFI	CFI	RMSEA
Model0	353.355	120	2.945	0.000	0.953	0.976	0.970	0.984	0.050

［注］：所有拟合指标值均在 0.001 水平上显著。

进一步地，感知的组织家庭支持中有形支持和无形支持两个维度对家庭对工作增益中家庭对工作发展、家庭对工作情感以及家庭对工作效率三个维度的具体影响关系系数值见表 4-4。根据表 4-4，感知的组织家庭支持中有形支持维度对家庭对工作增益中家庭对工作情感维度影响的 P 值为 0.069，这意味着，前者并没有对后者产生显著的直接影响效应，而有形支持对家庭对工作增益其他两个维度，即家庭对工作发展和家庭对工作效率均具有显著的直接影响效应，与此同时，感知的组织家庭支持中无形支持维度对家庭对工作增益三个维度，即家庭对工作发展、家庭对工作情感及家庭对工作效率均具有显著的直接影响效应，但感知的组织家庭支持两个维度对家庭对工作增益三个维度的影响系数大小却存在较大差异。具体而言,有形支持对员工家庭对工作发展影响的标准化路径系数为-0.146,在0.05水平上显著,有形支持对家庭对工作效率影响的标准化路径系数为-0.164,在0.05水平上显著。这表明,有形支持对家庭对工作效率的影响大于其对家庭对工作发展的影响。

表4-4 感知的组织家庭支持对员工家庭对工作增益
直接影响关系的具体数值

路径	变量间关系	标准化路径系数	非标准化路径系数	标准误	CR值	P
1	有形支持→家庭对工作发展	-0.146	-0.166	0.082	-2.033	0.042 (*)
2	有形支持→家庭对工作情感	-0.132	-0.152	0.083	-1.822	0.069
3	有形支持→家庭对工作效率	-0.164	-0.183	0.082	-2.223	0.026 (*)
4	无形支持→家庭对工作发展	0.791	0.823	0.080	10.320	***
5	无形支持→家庭对工作情感	0.756	0.797	0.081	9.834	***
6	无形支持→家庭对工作效率	0.773	0.789	0.080	9.847	***

[注]:***表示P值小于0.001;*表示P值小于0.05。

无形支持对家庭对工作发展影响的标准化路径系数为0.791,在0.001水平上显著;无形支持对家庭对工作情感影响的标准化路径系数为0.756,在0.001水平上显著;无形支持对家庭对工作效率影响的标准化路径系数为0.773,在0.001水平上显著。这表明,对比无形支持对家庭对工作增益三个维度的影响,无形支持对家庭对工作发展的影响最大,对家庭对工作效率的影响居中,而对家庭对工作情感的影响相对较小。

据此,感知的组织家庭支持两个维度,即有形支持和无形支持,对员工家庭对工作增益三个维度,即家庭对工作发展、家庭对工作情感及家庭对工作效率的影响模型如图4-4所示。

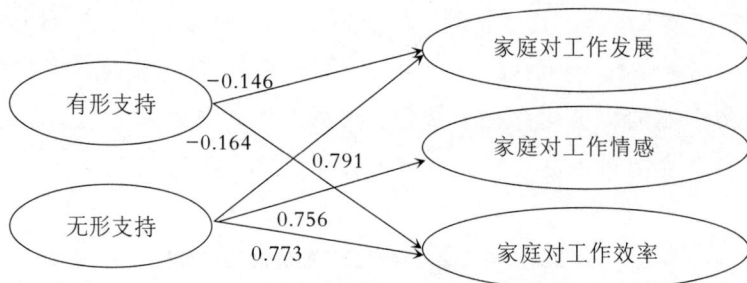

图 4-4　感知的组织家庭支持对员工家庭对工作增益直接影响效应模型

　　根据前文的结构方程分析及自变量两个维度对因变量三个维度直接影响效应的路径系数可知，感知的组织家庭支持两个维度对员工家庭对工作增益三个维度具有不同的直接影响效应。具体而言：有形支持对家庭对工作发展具有显著的负向影响，有形支持对家庭对工作情感没有显著影响，有形支持对家庭对工作效率具有显著的负向影响；无形支持对家庭对工作发展具有显著的正向影响，无形支持对家庭对工作情感具有显著的正向影响，无形支持对家庭对工作效率具有显著的正向影响。基于此，研究假设 H2：感知的组织家庭支持对员工家庭对工作增益具有显著的正向影响作用部分成立。

　　在探讨有形支持对工作对家庭增益的影响时发现，其对工作对家庭增益三个维度均无显著影响，本书认为是由于有形支持可能具有工作-家庭友好的不完善特征（Kofodings，1995；Shellenbarger，1992；Lobel & Kossek，1996）而致。类似地，对于上述有关有形支持对员工家庭对工作增益中家庭对工作情感也没有显著影响的研究结论，其原因或也与有形支持可能具有工作-家庭友好的不完善特性有关，导致其并未真正地促进员工积极工作-家庭关系的发生。而有形支持对家庭对工作增益关系中家庭对工作发展和家庭对工作效率具有显著的负向影响，本书认为其原因可能在于，正如前文所述，感知的组织家庭支持在某种程度上类似工作-家庭友好，而这类支持会让员工产生心理负担，一方面，他们担心若使用此类政策，会让其他员工认为他们以家庭为主，缺乏对工作的积极性，另一方面，他们也担心若不使用此类政策，会让组织认为他们不积极响应政策。而在这种矛盾心理压力之下，会让员工无所适从，进而对这种有形的支持政策产生反感。此时，根据社会交换理论，员工会通过降低对工作的投入来回报组织，并最终导致家庭对工作增益水平的降低。

4.3　本章小结

本章在第 3 章有关感知的组织家庭支持量表和工作-家庭增益量表信效度检验的基础上，对感知的组织家庭支持两个维度，即有形支持和无形支持对工作-家庭增益两个增益方向，即工作对家庭增益和家庭对工作增益的直接影响进行了实证研究。结果显示：

（1）在工作对家庭增益方向上。一方面，有形支持对工作对家庭增益的三个维度均无显著影响。本书认为之所以会出现这一结果原因如下，有形支持是指对提供实际帮助和支持的项目的感知及相应信息资源的感知，在某种意义上有些类似于工作-家庭友好政策。而 Kofodings（1995）、Shellenbarger（1992）以及 Lobel & Kossek（1996）等学者已证实由于工作-家庭友好存在一些缺陷和不足，使其并不能够真正促进员工积极的工作域与家庭域关系的形成，因而，本书中感知的组织家庭支持中有形支持或许也具有组织内部工作-家庭友好政策所具有的不足，从而导致其对员工工作对家庭增益的影响不显著。另一方面，无形支持则对工作对家庭增益的三个维度均有显著的正向影响，其中，无形支持对工作对家庭资本维度的影响最大，对工作对家庭发展维度的影响居中，而对工作对家庭情感维度的影响最小。这意味着，感知的组织家庭支持中的无形支持维度依次通过促进员工产生安全感、自信心和成就感等心理资源、积极情感或积极态度以及技能和知识的提高这些能够让员工成为更好家庭成员的因素来帮助员工实现工作对家庭增益。

（2）在家庭对工作增益方向上。在探讨感知的组织家庭支持与员工家庭对工作增益的直接影响效应时，得出了与探讨感知的组织家庭支持对员工工作对家庭增益直接影响效应不同的研究结论，这主要表现在，一方面，有形支持对家庭对工作发展和家庭对工作效率均具有显著的负向影响。之所以出现这一结论，本书认为是由于有形支持可能具有工作-家庭友好的不完善特征（Kofodings，1995；Shellenbarger，1992；Lobel & Kossek，1996）而致。类似地，对于上述有关有形支持对员工家庭对工作增益中家庭对工作情感也没有显著影响的研究结论，其原因或也与有形支持可能具有工作-家庭友好的不完善特性有关，导致其并未真正地促进员工积极工作-家庭关系的发生。而有形支持对家庭对工作增益关系中家庭对工作发展和家庭对工作效率具有显著的负向影响，本书认为其原因可能在于，正如前文所述，感知的组织家庭支持在某种程度上类似工作-家庭友好，而这类支持会让员工产生心理负担，他们担心若使用此类政策，会让其他员工认为他们以家庭为主，缺乏对工作的积极性，与此同时，他们也担心若不使用此类政策，会让组织认为他们不积极响应政策。而在这种矛盾心理压力之下，员工会无所适从，进而对这种有形的支持政策产生反感。此时，根据社会交换理论，员工会通过降低对工作的投入来回报组织，并最终导致家庭对工作增益水平的降低。另一方面，无形支持对家庭对工作发展、家庭对工作情感和家庭对工作效率三个维度均具有显著的正向影响。其中，无形支持对家庭对工作发展的影响最大，对家庭对工作效率的影响居中，而对家庭对工作情感的影响相对较小。这意味着，感知的组织家庭支持中的无形支持维度依次通过促进员工知识的提高、增加个体专注和紧迫感等心理资源、积极情感或积极态度这些能够让员工成为更好员工的因素来帮助员工实现家庭对工作增益。

本章节的上述研究结论，一方面验证了家庭支持友好这类有形支持本身所具有的不完善性，这一结论与之前学者们所得出的结论一致（Kofodings，1995；Shellenbarger，1992；Lobel & Kossek，1996），另一方面，本书有关无形支持与员工工作-家庭增益关系的探讨弥补了之前有关工作-家庭增益前因变量的探讨只停留在工作资源等具有刚性特征的因素上这一不足。

5 心理资源和积极情感对感知的组织家庭支持与员工工作-家庭增益关系的中介作用

本章拟在第 3 章有关感知的组织家庭支持量表、工作-家庭增益量表、心理资源量表和积极情感量表信度和效度检验的基础上，对心理资源和积极情感在感知的组织家庭支持和工作-家庭增益之间的中介影响效应进行研究。而且，如前文所述，因变量工作-家庭增益包括工作对家庭增益和家庭对工作增益两个增益方向，每个增益方向均有各自的测量量表（Carlson et al.，2006），且 Frone（2003）和李原（2013）等学者提出，某个变量对工作-家庭增益两个增益方向的影响并不总是对等的，因而，本章也将依据工作-家庭增益两个增益方向来分别探讨心理资源和积极情感在感知的组织家庭支持和工作对家庭增益之间的中介影响效应以及心理资源和积极情感在感知的组织家庭支持和家庭对工作增益之间的中介影响效应。本章所选取的拟合指标与第 3 章一致，即分别选取 χ^2/df 值、RMSEA 值、GFI 值三个绝对适配度指标以及 NFI 值、RFI 值和 CFI 值三个相对适配度指标来判定模型是否拟合理想，其中，χ^2/df 值小于 5 为可接受水平，RMSEA 值小于 0.08 为可接受水平，GFI 值、NFI 值、RFI 值以及 CFI 值都应大于 0.90 为可接受水平。

5.1 心理资源对感知的组织家庭支持与员工工作对家庭增益关系的中介作用

5.1.1 概念模型与研究假设

Greenhaus 和 Powell 于 2006 年提出了工作－家庭增益双路径模型，其中工具性路径发生的机理在于某种角色能够产生直接应用在另一领域的资源。而且，Hunter et al.（2010）的相关研究已经通过实证研究证实了工具性路径。在这些资源中，一项重要资源即是心理资源。心理资源是指包括自我效能、自尊等积极的自我评价以及对未来充满积极的向往等（Bandura，1997；Gist & Mitchell，1992；Brockner，1988；Blaney & Ganellen，1990；Kobasa，1979；Seligman，1991，2002），而根据感知的组织家庭支持构念内涵可知，是指员工心理对整体工作-家庭支持环境的感知（Jahn et al.，2003），企业提供客观的支持并不一定意味着该企业员工就具有较高水平的感知的组织家庭支持。换言之，这一构念更为注重心理上的感觉，强调心理感受，而非客观事实。感知的组织家庭支持对员工工作对家庭增益的直接影响效应已得到前文的验证。进一步地，McIntosh（1991）以及Parasuraman et al.（1992）将社会支持定义为，其他人所拥有的能够帮助个体管理压力方面的资源，据此，由于社会支持这种特殊的资源能够帮助缓解工作或家庭压力，因而，对于工作－家庭研究领域这一构念至关重要。而且，根据前文，感知的组织家庭支持属于组织中社会支持的一种。因而，若员工能够感知到组织对其家庭需求较为重视，积极帮助和支持其完成工作职责，那么，个体就会感觉被组织重视，进而产生自尊以及自我效能等心理资源。进一步地，学者们一致发现，诸如自尊心、自我效能以及自信心等心理资源能够通过激发个体努力的动机，进而提高耐力以及设定更高的目标等方式促进另一角色绩效的提高（Dipaula & Campbell，2002；Erez & Judge，2001；Judge & Bono，2001；Murray et al.，2000；Murray et al.，1998；Wood & Bandura，1989）。据此可知，因员工感知的组织家庭支持所带来的心理资源，无疑有益于家庭生活绩效的提高，从而最终促进工作对家庭增益的实现。综上，本书认为之所以感知的组织家庭支持，尤其是无形支持能够对员工工作对家庭增益产生影响，在于前者能够产生直接应用在员工家庭生活领域的心理资源。换言之，无形支持是通过心理资源对工作对家庭增益产生影响的。

据此，本书提出如下研究假设：

H1：心理资源在感知的组织家庭支持与员工工作对家庭增益之间具有中介作用

进一步地，在前文探讨有关感知的组织家庭支持对员工工作对家庭增益的直接影响效应时发现，感知的组织家庭支持中有形支持维度对工作对家庭增益的三个维度，即工作对家庭发展、工作对家庭情感和工作对家庭资本均无显著影响，而感知的组织家庭支持中无形支持维度对工作对家庭增益三个维度均具有显著影响，据此，心理资源在感知的组织家庭支持与员工工作对家庭增益之间的中介作用可具体化为如下三个方面：心理资源在无形支持与工作对家庭发展之间的中介作用，心理资源在无形支持与工作对家庭情感之间的中介作用以及心理资源在无形支持与工作对家庭资本之间的中介作用。据此，心理资源在感知的组织家庭支持与员工工作对家庭增益之间中介作用的研究假设模型如图 5-1 所示。

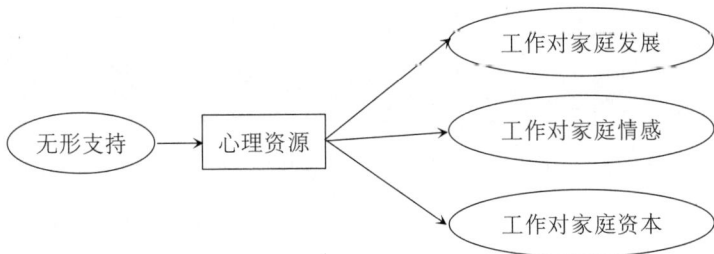

图 5-1　心理资源在 POFS 与员工工作对家庭增益之间的中介作用研究模型图

5.1.2 研究方法

如前文所述，本书采用 Jahn 等学者于 2003 年编制的 9 题项感知的组织家庭支持量表，其中 6 个题项用于测量有形支持，3 个题项用于测量无形支持，该量表具有较好的信度，内部一致性信度系数 α 值为 0.948，且采用 Likert5 点量表，1 代表完全不同意，2 代表较不同意，3 代表中等同意，4 代表很同意，5 代表非常同意；心理资源的测量采用 Powell 和 Chen 于 2012 年编制的心理资源量表，该量表内部一致性信度系数 α 值为 0.946，且采用 Likert5 点量表，1 代表几乎没有，2 代表很少，3 代表一些，4 代表很多，5 代表非常多；对工作对家庭增益变量的测量采用 Carlson et al. 于 2006 年编制的工作-家庭增益量表中的工作对家庭增益子量表。该量表共计 9 个题项，包括工作对家庭发展、工作对家庭情感和工作对家庭资本三个维度，每个维度 3 个题项，量表的内部一致性信度系数 α 值为 0.965。工作对家庭增益量表的测量也采用 Likert5 点量表，1 代表完全不同意，2 代表较不同意，3 代表中等同意，4 代表很同意，5 代表非常同意。

由于本章节的核心内容就在于中介作用成立与否的判定，因而此处先对中介作用的判定过程进行界定。一般地，判定中介作用成立必须同时满足如下四个条件：一是，自变量对因变量具有显著性影响；二是，自变量对中介变量具有显著性影响；三是，中介变量对因变量具有显著性影响；四是，当中介变量介入时，自变量对因变量的作用消失了或是减小了。若中介变量进入时，自变量对因变量的作用不显著，则称为完全中介；若中介变量进入时，自变量对因变量的作用仍然显著，但作用减小了，则称之为部分中介（Muller et al.，2005）。本章节所有有关中介作用的判定均采用此种方法，在后文中不再赘述。

本部分基于上文有关感知的组织家庭支持、心理资源和工作对家庭增益的验证性因子分析以及感知的组织家庭支持对员工工作对家庭增益直接影响效应的分析，以全部 787 个有效数据为研究样本，运用 AMOS 软件对心理资源在感知的组织家庭支持和员工工作对家庭增益之间的中介影响效应进行探讨。

5.1.3 结构方程分析

如前文所构建的心理资源在感知的组织家庭支持与员工工作对家庭增益之间中介作用的研究模型，基于 787 个全部有效数据，应用 AMOS 软件对其进行结构方程分析。

心理资源在感知的组织家庭支持与员工工作对家庭增益之间的中介作用全模型拟合结果见表 5-1。根据表 5-1，初始模型 Model0 拟合效果较为理想，各拟合指标值均在可接受水平。具体而言，χ^2/df 值为 2.488，小于可接受水平 5；GFI 值为 0.950，远大于可接受水平 0.90；NFI 值为 0.973，远大于可接受水平 0.90；RFI 值为 0.968，远大于可接受水平 0.90；CFI 值为 0.984，远大于可接受水平 0.90；RMSEA 值为 0.044，小于可接受水平 0.08。这表明，心理资源在感知的组织家庭支持与员工工作对家庭增益之间的中介影响效应成立。

表 5-1　　**心理资源对 POFS 与员工工作对家庭增益的中介影响效应拟合指数表**

指标	χ^2	df	χ^2/df	P	GFI	NFI	RFI	CFI	RMSEA
Model0	435.438	175	2.488	0.000	0.950	0.973	0.968	0.984	0.044

［注］：所有拟合指标值均在 0.001 水平上显著。

根据前文 Muller 等人有关中介作用成立与否的四个条件，对心理资源在感知的组织家庭支持与员工工作对家庭增益之间，即心理资源分别在无形支持维度与工作对家庭发展，与工作对家庭情感以及与工作对家庭资本之间的中介作用进行验证，进而对本部分提出的研究假设 H1 进行检验。

各变量之间的路径系数，即结构方程分析结果的具体数值见表 5-2。在表 5-2 中，Model0 代表中介变量心理资源未进入之前，无形支持对工作对家庭增益三个维度的直接影响，这一部分数值来源于前文有关无形支持对员工工作对家庭增益直接影响效应的研究（见表 4-2）。Model1 表示中介变量心理资源进入后，自变量无形支持、中介变量心理资源和因变量工作对家庭增益之间具体路径数值。

表 5-2　　**心理资源对 POFS 与员工工作对家庭增益的**

中介作用路径系数及显著性检验表

模型	变量间关系	标准化路径系数	非准化路径系数	标准误	CR值	P	显著性水平
Model 0	无形支持→工作对家庭发展	0.686	0.712	0.075	9.536	***	显著
	无形支持→工作对家庭情感	0.639	0.706	0.079	8.973	***	显著
	无形支持→工作对家庭资本	0.761	0.786	0.077	10.202	***	显著
Model 1	无形支持→工作对家庭发展	0.566	0.612	0.044	13.815	***	显著
	无形支持→工作对家庭情感	0.556	0.641	0.047	13.512	***	显著
	无形支持→工作对家庭资本	0.510	0.549	0.043	12.701	***	显著
	无形支持→心理资源	0.586	0.455	0.032	14.076	***	显著
	心理资源→工作对家庭发展	0.266	0.370	0.052	7.078	***	显著
	心理资源→工作对家庭情感	0.233	0.346	0.056	6.157	***	显著
	心理资源→工作对家庭资本	0.315	0.437	0.053	8.285	***	显著

　　[注]：***表示 P 值小于 0.001。

　　一是有关心理资源在无形支持与工作对家庭发展之间的中介作用判定。在心理资源进入之前，根据前文有关无形支持对工作对家庭发展直接影响效应的研究，即 Model0，无形支持对工作对家庭发展具有显著性影响，该路径的标准化路径系数为 0.686（在 0.001 水平上显著）。在加入中介变量心理资源之后，自变量无形支持对中介变量心理资源具有显著性影响，其标准化路径系数为 0.586（在 0.001 水平上显著）；中介变量心理资源对因变量工作对家庭发展具有显著性影响，其标准化路径系数为 0.266（在 0.001 水平上显著）；而此时，自变量无形支持对因变量工作对家庭发展仍然具有显著性影响，标准化路径系数为 0.566（在 0.001 水平上显著），对比未引入心理资源变量之前，自变量无形支持对因变量工作对家庭发展影响的标准化路径系数 0.686，明显减小，这意味着，心理资源在无形支持与工作对家庭发展之间具有部分中介作用。

二是有关心理资源在无形支持与工作对家庭情感之间的中介作用判定。在心理资源进入之前，根据前文有关无形支持对工作对家庭情感直接影响效应的研究，即 Model0，无形支持对工作对家庭情感具有显著性影响，该路径的标准化路径系数为 0.639（在 0.001 水平上显著）。在加入中介变量心理资源之后，自变量无形支持对中介变量心理资源具有显著性影响，其标准化路径系数为 0.586（在 0.001 水平上显著）；中介变量心理资源对因变量工作对家庭情感具有显著性影响，其标准化路径系数为 0.233（在 0.001 水平上显著）；而此时，自变量无形支持对因变量工作对家庭情感仍然具有显著性影响，标准化路径系数为 0.556（在 0.001 水平上显著），对比未引入心理资源变量之前，自变量无形支持对因变量工作对家庭情感影响的标准化路径系数 0.639，明显减小，这意味着，心理资源在无形支持与工作对家庭情感之间具有部分中介作用。

三是有关心理资源在无形支持与工作对家庭资本之间的中介作用判定。在心理资源进入之前，根据前文有关无形支持对工作对家庭资本直接影响效应的研究，即 Model0，无形支持对工作对家庭资本具有显著性影响，该路径的标准化路径系数为 0.761（在 0.001 水平上显著）。在加入中介变量心理资源之后，自变量无形支持对中介变量心理资源具有显著性影响，其标准化路径系数为 0.586（在 0.001 水平上显著）；中介变量心理资源对因变量工作对家庭资本具有显著性影响，其标准化路径系数为 0.315（在 0.001 水平上显著）；而此时，自变量无形支持对因变量工作对家庭资本仍然具有显著性影响，标准化路径系数为 0.510（在 0.001 水平上显著），对比未引入心理资源变量之前，自变量无形支持对因变量工作对家庭资本影响的标准化路径系数为 0.761，明显减小，这意味着，心理资源在无形支持与工作对家庭资本之间具有部分中介作用。

因而，由结构方程分析结果可知，中介变量心理资源在无形支持与员工工作对家庭增益三个维度之间均具有中介作用，即心理资源在无形支持与员工工作对家庭发展之间具有中介作用，心理资源在无形支持与员工工作对家庭情感之间具有中介作用，心理资源在无形支持与员工工作对家庭资本之间具有中介作用。据此，本章的假设 H1：心理资源在感知的组织家庭支持与员工工作对家庭增益之间具有中介作用得到验证。而心理资源在无形支持与员工工作对家庭三个维度之间的具体关系图如图 5-2 所示。

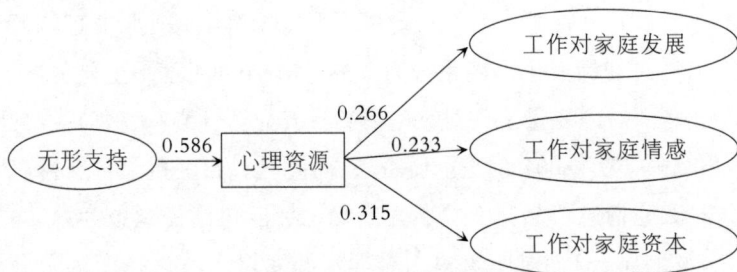

图 5-2　心理资源在 POFS 与员工工作对家庭增益之间的中介作用具体关系图

5.2　积极情感对感知的组织家庭支持与员工工作对家庭增益关系的中介作用

5.2.1　概念模型与研究假设

积极情感所具有的能够提高组织创造力、降低离职率、提高薪酬满意度、增加亲社会行为等积极效应已经得到学者们的一致认可（James et al., 2004；Amabile et al., 2005；Thoresen et al., 2003；赵勇，2006），特别地，其所具有的能够对员工工作-家庭域起到积极作用的研究始于 Greenhaus 和 Powell 于 2006 年提出的工作-家庭增益双路径模型。在该模型中，其中一条路径即是情感性路径，该路径中的核心变量即是积极情感。根据工作-家庭增益情感性路径，工作对家庭增益之所以发生在于参与工作角色能够产生积极情感，而这种积极情感有助于员工家庭生活绩效的提高，从而实现工作对家庭增益。正如 Rothard（2001）所言，在工作中所产生的积极情感能够增加在家庭角色中的注意力，从而也能够最终促进家庭角色绩效的提高，实现工作对家庭增益。如前文所述，根据感知的组织家庭支持构念的内涵，这一变量能够让员工在主观上真正感觉到个人的家庭需求被组织重视，进而能够产生自信、乐观等积极情感。而根据Edwards 和 Rothard（2000）的情绪溢出理论，在工作域中所产生的这一积极情感会渗透到员工的家庭生活领域，并最终促进其工作对家庭增益的实现。又因为，学者们还发现，组织支持能够表达组织对个体贡献价值的肯定以及对员工个人幸福的关心，这就有助于增强个体的积极情绪，为个体参与家庭角色蓄积心理能量，以促进其在家庭角色中的表现，从而实现工作对家庭增益（Eisenberger et al.，2001）。这一过程正描述了积极情感在组织支持与员工工作对家庭增益关系之间的中介作用，而感知的组织家庭支持也属于组织支持的一种。而且，前文已经证实了感知的组织家庭支持对员工工作对家庭增益的直接影响效应，因而，本书认为，之所以感知的组织家庭支持能够促进员工工作对家庭增益的实现，原因在于前者能够产生促进后者实现的积极情感。

据此，本书提出如下研究假设：

H2：积极情感在感知的组织家庭支持与员工工作对家庭增益之间具有中介作用

进一步地，在前文探讨有关感知的组织家庭支持对员工工作对家庭增益的直接影响效应时发现，感知的组织家庭支持中有形支持维度对工作对家庭增益的三个维度，即工作对家庭发展、工作对家庭情感和工作对家庭资本均无显著影响，而感知的组织家庭支持中无形支持维度对工作对家庭增益三个维度均具有显著影响，据此，积极情感在感知的组织家庭支持与员工工作对家庭增益之间的中介作用可具体化为如下三个方面：积极情感在无形支持与工作对家庭发展之间的中介作用，积极情感在无形支持与工作对家庭情感之间的中介作用以及积极情感在无形支持与工作对家庭资本之间的中介作用。据此，积极情感在感知的组织家庭支持与员工工作对家庭增益之间中介作用的研究假设模型如图5-3所示。

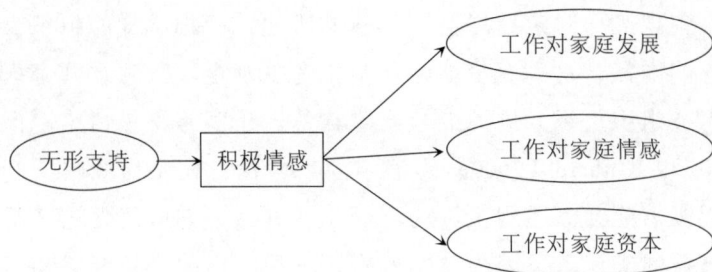

图 5-3 积极情感在 POFS 与员工工作对家庭增益之间的中介作用研究模型图

5.2.2 研究方法

如前文所述，本书采用 Jahn 等学者于 2003 年编制的 9 题项感知的组织家庭支持量表，其中 6 个题项用于测量有形支持，3 个题项用于测量无形支持，该量表具有较好的信度，内部一致性信度系数 α 值为 0.948，且采用 Likert5 点量表，1 代表完全不同意，2 代表较不同意，3 代表中等同意，4 代表很同意，5 代表非常同意；积极情感的测量采用 Watson 于 1988 年编制的积极情感量表，共计 10 个题项，该量表内部一致性信度系数 α 值为 0.945，且采用 Likert5 点量表，1 代表几乎没有，2 代表很少，3 代表一些，4 代表很多，5 代表非常多；对工作对家庭增益变量的测量采用 Carlson et al. 于 2006 年编制的工作-家庭增益量表中的工作对家庭增益子量表。该量表共计 9 个题项，包括工作对家庭发展、工作对家庭情感和工作对家庭资本三个维度，每个维度 3 个题项，量表的内部一致性信度系数 α 值为 0.965。工作对家庭增益量表的测量也采用 Likert5 点量表，1 代表完全不同意，2 代表较不同意，3 代表中等同意，4 代表很同意，5 代表非常同意。

本部分基于上文有关感知的组织家庭支持、积极情感和工作对家庭增益的验证性因子分析以及感知的组织家庭支持对员工工作对家庭增益直接影响效应的分析，以全部 787 个有效数据为研究样本，运用 AMOS 软件对积极情感在感知的组织家庭支持和员工工作对家庭增益之间关系的中介影响效应进行探讨。

5.2.3　结构方程分析

如前文所构建的积极情感在感知的组织家庭支持与员工工作对家庭增益之间中介作用的研究模型，基于 787 个全部有效数据，应用 AMOS 软件对其进行结构方程分析。

积极情感在感知的组织家庭支持与员工工作对家庭增益之间的中介作用全模型拟合结果见表 5-3。根据表 5-3，初始模型 Model0 拟合效果较为理想，各拟合指标值均在可接受水平。具体而言，χ^2/df 值为 2.799，小于可接受水平 5；GFI 值为 0.941，远大于可接受水平 0.90；NFI 值为 0.969，远大于可接受水平 0.90；RFI 值为 0.962，远大于可接受水平 0.90；CFI 值为 0.980，远大于可接受水平 0.90；RMSEA 值为 0.048，小于可接受水平 0.08。这表明，积极情感在感知的组织家庭支持与员工工作对家庭增益之间的中介影响效应成立。

表 5-3　　　　积极情感对 POFS 与员工工作对家庭增益的
中介影响效应拟合指数表

指标	χ^2	df	χ^2/df	P	GFI	NFI	RFI	CFI	RMSEA
Model0	537.485	192	2.799	0.000	0.941	0.969	0.962	0.980	0.048

　　[注]：所有拟合指标值均在 0.001 水平上显著。

根据前文 Muller 等人有关中介作用成立与否的四个条件，对积极情感在感知的组织家庭支持与员工工作对家庭增益之间，即积极情感分别在无形支持维度与工作对家庭发展，与工作对家庭情感以及与工作对家庭资本之间的中介作用进行验证，进而对本部分提出的研究假设 H2 进行检验。

各变量之间的路径系数，即结构方程分析结果的具体数值见表 5-4。在表 5-4 中，Model0 代表中介变量心理资源未进入之前，无形支持对工作对家庭增益三个维度的直接影响，这一部分数值来源于前文有关无形支持对员工工作对家庭增益直接影响效应的研究（见表 4-2）。Model1 表示中介变量积极情感进入后，自变量无形支持、中介变量积极情感和因变量工作对家庭增益之间具体路径数值。

表 5-4　　　积极情感对 POFS 与员工工作对家庭增益的
中介作用路径系数及显著性检验表

模型	变量间关系	标准化路径系数	非准化路径系数	标准误	CR 值	P	显著性水平
Model0	无形支持→工作对家庭发展	0.686	0.712	0.075	9.536	***	显著
	无形支持→工作对家庭情感	0.639	0.706	0.079	8.973	***	显著
	无形支持→工作对家庭资本	0.761	0.786	0.077	10.202	***	显著
Model1	无形支持→工作对家庭发展	0.568	0.613	0.044	14.061	***	显著
	无形支持→工作对家庭情感	0.547	0.629	0.046	13.065	***	显著
	无形支持→工作对家庭资本	0.533	0.573	0.043	13.231	***	显著
	无形支持→积极情感	0.572	0.537	0.037	14.565	***	显著
	积极情感→工作对家庭发展	0.269	0.310	0.042	7.389	***	显著
	积极情感→工作对家庭情感	0.254	0.312	0.045	6.931	***	显著
	积极情感→工作对家庭资本	0.282	0.324	0.042	7.647	***	显著

[注]：***表示 P 值小于 0.001。

一是有关积极情感在无形支持与工作对家庭发展之间的中介作用判定。在积极情感进入之前，根据前文有关无形支持对工作对家庭发展直接影响效应的研究，即 Model0，无形支持对工作对家庭发展具有显著性影响，该路径的标准化路径系数为 0.686（在 0.001 水平上显著）。在加入中介变量积极情感之后，自变量无形支持对中介变量积极情感具有显著性影响，其标准化路径系数为 0.572（在 0.001 水平上显著）；中介变量积极情感对因变量工作对家庭发展具有显著性影响，其标准化路径系数为 0.269（在 0.001 水平上显著）；而此时，自变量无形支持对因变量工作对家庭发展仍然具有显著性影响，标准化路径系数为 0.568（在 0.001 水平上显著），对比未引入积极情感变量之前，自变量无形支持对因变量工作对家庭发展影响的标准化路径系数 0.686，明显减小，这意味着，积极情感在无形支持与工作对家庭发展之间具有部分中介作用。

二是有关积极情感在无形支持与工作对家庭情感之间的中介作用判定。在积极情感进入之前，根据前文有关无形支持对工作对家庭情感直接影响效应的研究，即 Model0，无形支持对工作对家庭情感具有显著性影响，该路径的标准化路径系数为 0.639（在 0.001 水平上显著）。在加入中介变量积极情感之后，自变量无形支持对中介变量积极情感具有显著性影响，其标准化路径系数为 0.572（在 0.001 水平上显著）；中介变量积极情感对因变量工作对家庭情感具有显著性影响，其标准化路径系数为 0.254（在 0.001 水平上显著）；而此时，自变量无形支持对因变量工作对家庭情感仍然具有显著性影响，标准化路径系数为 0.547（在 0.001 水平上显著），对比未引入积极情感变量之前，自变量无形支持对因变量工作对家庭情感影响的标准化路径系数 0.639，明显减小，这意味着，积极情感在无形支持与工作对家庭情感之间具有部分中介作用。

三是有关积极情感在无形支持与工作对家庭资本之间的中介作用判定。在积极情感进入之前，根据前文有关无形支持对工作对家庭资本直接影响效应的研究，即 Model0，无形支持对工作对家庭资本具有显著性影响，该路径的标准化路径系数为 0.761（在 0.001 水平上显著）。在加入中介变量积极情感之后，自变量无形支持对中介变量积极情感具有显著性影响，其标准化路径系数为 0.572（在 0.001 水平上显著）；中介变量积极情感对因变量工作对家庭资本具有显著性影响，其标准化路径系数为 0.282（在 0.001 水平上显著）；而此时，自变量无形支持对因变量工作对家庭资本仍然具有显著性影响，标准化路径系数为 0.533（在 0.001 水平上显著），对比未引入积极情感变量之前，自变量无形支持对因变量工作对家庭资本影响的标准化路径系数 0.761，明显减小，这意味着，积极情感在无形支持与工作对家庭资本之间具有部分中介作用。

因而，由结构方程分析结果可知，中介变量积极情感在无形支持与员工工作对家庭增益三个维度之间均具有中介作用，即积极情感在无形支持与员工工作对家庭发展之间具有中介作用，积极情感在无形支持与员工工作对家庭情感之间具有中介作用，积极情感在无形支持与员工工作对家庭资本之间具有中介作用。据此，本章的假设 H2：积极情感在感知的组织家庭支持与员工工作对家庭增益之间具有中介作用得到验

证。而积极情感在无形支持与员工工作对家庭增益三个维度之间的具体
关系图如图 5-4 所示。

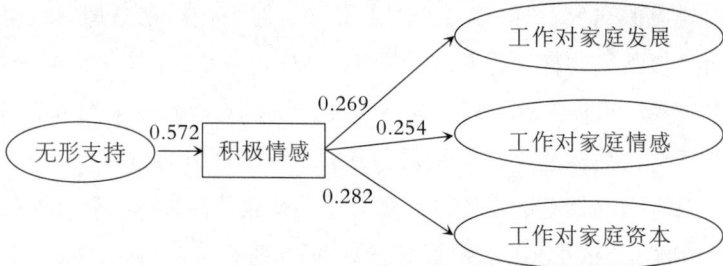

图 5-4　积极情感在 POFS 与员工工作对家庭增益之间的中介作用具体关系图

5.3　心理资源和积极情感对感知的组织家庭支持与员工工作对家庭增益关系的联合中介作用

5.3.1　概念模型

Greenhaus 和 Powell 于 2006 年提出了工作-家庭增益的双路径模型，即工具性路径和情感性路径，而本书亦选择了工具性路径中的心理资源和情感性路径中的积极情感作为两个中介变量。而且，前文不但已经证实了感知的组织家庭支持对员工工作对家庭增益的直接影响效应，而且也证实了，心理资源在无形支持与员工工作对家庭发展之间、无形支持与员工工作对家庭情感之间以及无形支持与员工工作对家庭资本之间具有中介作用；积极情感在无形支持与员工工作对家庭发展之间、无形支持与员工工作对家庭情感之间以及无形支持与员工工作对家庭资本之间具有中介作用。这意味着，感知的组织家庭支持能够既通过工具性路径（核心变量为心理资源）对员工工作对家庭增益产生影响，与此同时也能够通过情感性路径（核心变量为积极情感）对员工工作对家庭增益产生影响。那么，到底何种路径的作用更为突出？这是仍需进一步思考的问题，无疑更有益于探索感知的组织家庭支持对员工工作对家庭增益影响的具体作用机理。因而，为了对比工具性路径和情感性路径两条中介机制的力量大小，换言之，为了进一步探究心理资源和积极情感对

感知的组织家庭支持与员工工作对家庭增益三个维度的具体影响效应，本部分拟对心理资源和积极情感在感知的组织家庭支持与员工工作对家庭增益三个维度之间的联合中介作用进行探讨。由此，这一联合中介作用研究假设模型如图5-5所示。

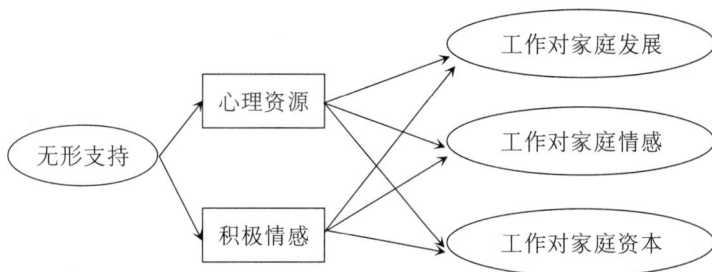

图 5-5　心理资源和积极情感在 POFS 与员工工作对家庭增益
之间的联合中介作用研究模型图

5.3.2　研究方法

如前文所述，本书采用 Jahn 等学者于 2003 年编制的 9 题项感知的组织家庭支持量表，其中 6 个题项用于测量有形支持，3 个题项用于测量无形支持，该量表具有较好的信度，内部一致性信度系数 α 值为 0.948，且采用 Likert5 点量表，1 代表完全不同意，2 代表较不同意，3 代表中等同意，4 代表很同意，5 代表非常同意；心理资源的测量采用 Powell 和 Chen 于 2012 年编制的心理资源量表，该量表内部一致性信度系数 α 值为 0.946，且采用 Likert5 点量表，1 代表几乎没有，2 代表很少，3 代表一些，4 代表很多，5 代表非常多；积极情感的测量采用 Watson 于 1988 年编制的积极情感量表，共计 10 个题项，该量表内部一致性信度系数 α 值为 0.945，且采用 Likert5 点量表，1 代表几乎没有，2 代表很少，3 代表一些，4 代表很多，5 代表非常多；对工作对家庭增益变量的测量采用 Carlson et al. 于 2006 年编制的工作-家庭增益量表中的工作对家庭增益子量表。该量表共计 9 个题项，包括工作对家庭发展、工作对家庭情感和工作对家庭资本三个维度，每个维度 3 个题项，量表的内部一致性信度系数 α 值为 0.965。工作对家庭增益量表的测量也采用 Likert5 点量表，1 代表完全不同意，2 代表较不同意，3 代表中等同意，4 代表很同意，5 代表非常同意。

本部分基于上文有关感知的组织家庭支持、心理资源、积极情感和工作对家庭增益的验证性因子分析以及感知的组织家庭支持对员工工作对家庭增益直接影响效应的分析，以全部 787 个有效数据为研究样本，运用 AMOS 软件对心理资源和积极情感在感知的组织家庭支持和员工工作对家庭增益之间关系的联合中介影响效应进行探讨。

5.3.3 结构方程分析

如前文所构建的心理资源和积极情感在感知的组织家庭支持与员工工作对家庭增益之间联合中介作用的研究模型，基于 787 个全部有效数据，应用 AMOS 软件对其进行结构方程分析。

心理资源和积极情感在感知的组织家庭支持与员工工作对家庭增益之间的联合中介作用全模型拟合结果见表 5-5。根据表 5-5，初始模型 Model0 拟合效果不是特别理想，尽管有些拟合指标已经达到可接受水平，但仍有拟合指标未达到可接受水平。具体而言，χ^2/df 值为 3.841，小于可接受水平 5；NFI 值为 0.936，远大于可接受水平 0.90；RFI 值为 0.927，远大于可接受水平 0.90；CFI 值为 0.952，远大于可接受水平 0.90；RMSEA 值为 0.060，小于可接受水平 0.08。但是，GFI 值为 0.893，仍小于可接受水平 0.90，因而，仍需对模型 Model0 进行进一步的修正和调整。根据 MI 修正指数，e31 和 e42 之间具有相关性。其中，e31 对应积极情感构念，e42 对应心理资源构念。根据前文积极情感和心理资源的内涵，积极情感是指个体能够感受到热情、积极等的程度，既包括对某瞬间刺激所产生的短暂的积极情绪，也包括个体所处的常态的积极情感状态，而心理资源则是指包括自我效能、自尊等积极的自我评价，以及诸如乐观和希望等对未来的积极向往。从二者的构念内涵可以看出，都是对员工积极心理状态的反应，因而，二者表述具有相似性，允许二者之间相关。于是连接 e31 和 e42，并形成新的模型 Model1。应用 AMOS 软件对该模型重新进行结构方程分析，结果显示，各个拟合指标进一步改善，且均已达到可接受水平。具体而言，χ^2/df 值较小，为 2.545，小于可接受水平 5；GFI 值提高为 0.920，大于可接受水平 0.90；NFI 值提高为 0.958，远大于可接受水平 0.90；RFI 值提高为 0.952，远大于可接受水平 0.90；CFI 值提高为 0.974，远大于可接受水平 0.90；RMSEA 值降低为 0.044，小于可接受水平 0.08。据此，心理资源和积极情感在感知的组织家庭支持中无形支持维度与员工工作对家庭增益三个维度，即工作对家庭发展、工作对家庭情感和工作对家庭资本之间的联合中介作用成立。

表 5-5　心理资源和积极情感对 POFS 与员工工作对家庭增益关系的联合中介影响效应拟合指数表

指标	χ^2	df	χ^2/df	P	GFI	NFI	RFI	CFI	RMSEA
Model0	1 570.810	409	3.841	0.000	0.893	0.936	0.927	0.952	0.060
Model1	1 038.473	408	2.545	0.000	0.920	0.958	0.952	0.974	0.044

[注]：所有拟合指标值均在 0.001 水平上显著。

根据前文 Muller 等人有关中介作用成立与否的四个条件，对心理资源和积极情感在感知的组织家庭支持与员工工作对家庭增益之间，即心理资源分别在无形支持维度与工作对家庭发展，与工作对家庭情感以及与工作对家庭资本之间的中介作用进行验证，以及积极情感分别在无形支持维度与工作对家庭发展，与工作对家庭情感以及与工作对家庭资本之间的中介作用进行验证，进而对本部分提出的研究假设 H1 和 H2 进行进一步的检验。

各变量之间的路径系数，即结构方程分析结果的具体数值见表 5-6。在表 5-6 中，Model0 代表中介变量心理资源和积极情感未进入之前，无形支持对工作对家庭增益三个维度的直接影响，这一部分数值来源于前文有关无形支持对员工工作对家庭增益直接影响效应的研究（见表 4-2）。Model1 表示中介变量心理资源和积极情感进入后，自变量无形支持，中介变量心理资源、积极情感和因变量工作对家庭增益之间的具体路径数值。

表 5-6　　心理资源和积极情感对 POFS 与员工工作对家庭增益
之间联合中介作用路径系数检验表

模型	变量间关系	标准化路径系数	非准化路径系数	标准误	CR 值	P	显著性水平
Model0	无形支持→工作对家庭发展	0.686	0.712	0.075	9.536	***	显著
	无形支持→工作对家庭情感	0.639	0.706	0.079	8.973	***	显著
	无形支持→工作对家庭资本	0.761	0.786	0.077	10.202	***	显著
Model1	无形支持→工作对家庭发展	0.548	0.593	0.044	13.440	***	显著
	无形支持→工作对家庭情感	0.535	0.616	0.047	13.078	***	显著
	无形支持→工作对家庭资本	0.499	0.537	0.043	12.400	***	显著
	无形支持→心理资源	0.586	0.458	0.032	14.162	***	显著
	心理资源→工作对家庭发展	0.138	0.191	0.089	2.153	0.031 (*)	显著
	心理资源→工作对家庭情感	0.083	0.122	0.096	1.266	0.205	不显著
	心理资源→工作对家庭资本	0.240	0.330	0.089	3.696	***	显著
	无形支持→积极情感	0.572	0.541	0.037	14.615	***	显著
	积极情感→工作对家庭发展	0.161	0.184	0.072	2.555	0.011 (*)	显著
	积极情感→工作对家庭情感	0.190	0.231	0.078	2.959	0.003 (**)	显著
	积极情感→工作对家庭资本	0.096	0.109	0.072	1.519	0.129	不显著

［注］：*表示 P 值小于 0.05；**表示 P 值小于 0.01；***表示 P 值小于 0.001。

（1）心理资源在感知的组织家庭支持与员工工作对家庭增益之间的中介作用，可具体化为如下三个方面：

一是心理资源在无形支持与员工工作对家庭发展之间的中介作用。在心理资源进入之前，根据前文有关无形支持对工作对家庭发展直接影响效应的研究，即 Model0，无形支持对工作对家庭发展具有显著性影响，该路径的标准化路径系数为 0.686（在 0.001 水平上显著）。在加入中介变量心理资源和积极情感之后，自变量无形支持对中介变量心理资源具有显著性影响，其标准化路径系数为 0.586（在 0.001 水平上显著）；中介变量心理资源对因变量工作对家庭发展具有显著性影响，其标准化路径系数为 0.138（在 0.05 水平上显著）；而此时，自变量无形支持对因变量工作对家庭发展仍然具有显著性影响，标准化路径系数为 0.548（在 0.001 水平上显著），对比未引入心理资源变量之前，自变量无形支持对因变量工作对家庭发展影响的标准化路径系数 0.686，明显减小，这意味着，心理资源在无形支持与工作对家庭发展之间具有部分中介作用。

二是心理资源在无形支持与员工工作对家庭情感之间的中介作用。在中介变量心理资源和积极情感进入之前，根据前文有关无形支持对工作对家庭情感直接影响效应的研究，即 Model0，无形支持对工作对家庭情感具有显著性影响，该路径的标准化路径系数为 0.639（在 0.001 水平上显著）。在加入中介变量心理资源和积极情感之后，自变量无形支持对中介变量心理资源具有显著性影响，其标准化路径系数为 0.586（在 0.001 水平上显著）。虽然自变量无形支持仍然对因变量工作对家庭情感具有显著影响，标准化路径系数为 0.535（在 0.001 水平上显著），但是，中介变量心理资源对因变量工作对家庭情感影响不显著，P 值为 0.205，远大于最低可接受显著性水平 0.05。而根据 Muller et al.（2005）关于中介作用判定标准，中介作用的成立须满足四个条件，而这已不符合第三个条件："中介变量对因变量影响显著。"因而，这意味着，在同时引进心理资源和积极情感两个中介变量时，心理资源在无形支持与工作对家庭情感之间没有中介作用。

三是心理资源在无形支持与员工工作对家庭资本之间的中介作用。在中介变量心理资源和积极情感进入之前，根据前文有关无形支持对工作对家庭资本直接影响效应的研究，即 Model0，无形支持对工作对家庭资本具有显著性影响，该路径的标准化路径系数为 0.761（在 0.001 水平上显著）。在加入中介变量心理资源之后，自变量无形支持对中介变量心理资源具有显著性影响，其标准化路径系数为 0.586（在 0.001 水平上显著）；中介变量心理资源对因变量工作对家庭资本具有显著性影响，其标准化路径系数为 0.240（在 0.001 水平上显著）；而此时，自变量无形支持对因变量工作对家庭资本仍然具有显著性影响，标准化路径系数为 0.499（在 0.001 水平上显著），对比未引入心理资源变量之前，自变量无形支持对因变量工作对家庭资本影响的标准化路径系数 0.761，明显减小，这意味着，心理资源在无形支持与工作对家庭资本之间具有部分中介作用。

（2）积极情感在感知的组织家庭支持与员工工作对家庭增益之间的中介作用，可具体化为如下三个方面：

一是积极情感在无形支持与员工工作对家庭发展之间的中介作用。在心理资源和积极情感进入之前，根据前文有关无形支持对工作对家庭发展直接影响效应的研究，即 Model0，无形支持对工作对家庭发展具有显著性影响，该路径的标准化路径系数为 0.686（在 0.001 水平上显著）。在加入中介变量心理资源和积极情感之后，自变量无形支持对中介变量积极情感具有显著性影响，其标准化路径系数为 0.572（在 0.001 水平上显著）；中介变量积极情感对因变量工作对家庭发展具有显著性影响，其标准化路径系数为 0.161（在 0.05 水平上显著）；而此时，自变量无形支持对因变量工作对家庭发展仍然具有显著性影响，标准化路径系数为 0.548（在 0.001 水平上显著），对比未引入积极情感变量之前，自变量无形支持对因变量工作对家庭发展影响的标准化路径系数 0.686，明显减小，这意味着，积极情感在无形支持与工作对家庭发展之间具有部分中介作用。

二是积极情感在无形支持与员工工作对家庭情感之间的中介作用。在心理资源和积极情感进入之前，根据前文有关无形支持对工作对家庭情感直接影响效应的研究，即 Model0，无形支持对工作对家庭情感具有显著性影响，该路径的标准化路径系数为 0.639（在 0.001 水平上显著）。在加入中介变量积极情感之后，自变量无形支持对中介变量积极情感具有显著性影响，其标准化路径系数为 0.572（在 0.001 水平上显著）；中介变量积极情感对因变量工作对家庭情感具有显著性影响，其标准化路径系数为 0.190（在 0.01 水平上显著）；而此时，自变量无形支持对因变量工作对家庭情感仍然具有显著性影响，标准化路径系数为

0.535（在 0.001 水平上显著），对比未引入积极情感变量之前，自变量无形支持对因变量工作对家庭发展影响的标准化路径系数 0.639，明显减小，这意味着，积极情感在无形支持与工作对家庭情感之间具有部分中介作用。

三是积极情感在无形支持与员工工作对家庭资本之间的中介作用。在中介变量心理资源和积极情感进入之前，根据前文有关无形支持对工作对家庭资本直接影响效应的研究，即 Model0，无形支持对工作对家庭资本具有显著性影响，该路径的标准化路径系数为 0.761（在 0.001 水平上显著）。在加入中介变量心理资源和积极情感之后，自变量无形支持对中介变量积极情感具有显著性影响，其标准化路径系数为 0.572（在 0.001 水平上显著）。虽然自变量无形支持仍然对因变量工作对家庭资本具有显著影响，其标准化路径系数为 0.499（在 0.001 水平上显著），但是此时，中介变量积极情感对因变量工作对家庭资本没有显著性影响，其 P 值为 0.129，远大于最低可接受显著性水平 0.05。根据 Muller et al.（2005）关于中介作用判定标准，中介作用的成立须满足四个条件，而这已不符合第三个条件："中介变量对因变量影响显著。"这意味着，积极情感在无形支持与工作对家庭资本之间没有中介作用。

此部分对心理资源和积极情感在感知的组织家庭支持与员工工作对家庭增益三个维度，即工作对家庭发展、工作对家庭情感和工作对家庭资本之间的联合中介作用分析得出了与各自分析心理资源在感知的组织家庭支持与员工工作对家庭增益三个维度之间，以及积极情感在感知的组织家庭支持与员丅丁作对家庭增益三个维度之间的中介作用，既有相同又有不同的研究结论。相同的研究结论主要表现在：与单独探讨心理资源和积极情感的中介作用类似，当探讨二者联合中介作用时，同样发现，心理资源在无形支持与员工工作对家庭发展之间，以及在无形支持与员工工作对家庭资本之间均具有部分中介作用；积极情感在无形支持与员工工作对家庭发展之间，以及在无形支持与员工工作对家庭情感之间均具有部分中介作用。而截然不同的研究结论主要表现在：在单独探讨心理资源在无形支持与员工工作对家庭情感之间的中介作用时发现，心理资源在无形支持与员工工作对家庭情感之间具有部分中介作用，但在探讨心理资源和积极情感在无形支持与员工工作对家庭情感之间的联合中介作用时发现，心理资源在无形支持与员工工作对家庭情感之间并不具有中介作用；在单独探讨积极情感在无形支持与员工工作对家庭资本之间的中介作用时发现，积极情感在无形支持与员工工作对家庭资本具有部分中介作用，但在探讨心理资源和积极情感在无形支持与员工工作对家庭资本之间的联合中介作用时发现，积极情感在无形支持与员工工作对家庭资本之间没有中介作用。

综上，心理资源和积极情感在无形支持与员工工作对家庭发展之间具有部分中介作用，积极情感在无形支持与员工工作对家庭情感之间具有部分中介作用，心理资源在无形支持与员工工作对家庭资本之间具有部分中介作用。因而，本部分假设 H1：心理资源在感知的组织家庭支持与员工工作对家庭增益之间具有中介作用得到部分验证，假设 H2：积极情感在感知的组织家庭支持与员工工作对家庭增益之间具有中介作用得到部分验证。据此，心理资源和积极情感在无形支持与员工工作对家庭增益三个维度，即工作对家庭发展、工作对家庭情感和工作对家庭资本之间的联合中介作用具体关系如图 5-6 所示。

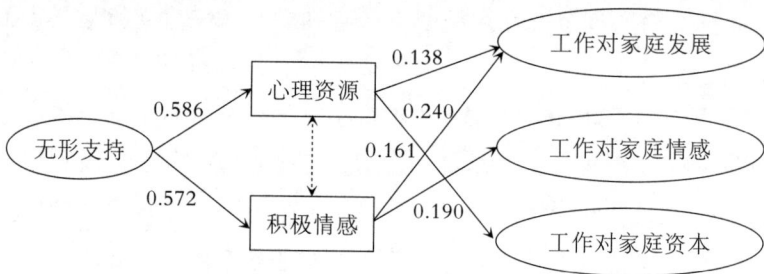

图 5-6　心理资源和积极情感在 POFS 与员工工作对家庭增益之间的联合中介作用具体关系图

之所以此次探讨心理资源和积极情感在感知的组织家庭支持与员工工作对家庭增益之间的联合中介作用能够得出与单独探讨二者的中介作用时差异较大的结论，本书认为主要是由两个中介变量即心理资源和积极情感之间的相关性所致。这使得无形支持与工作对家庭情感之间的关系原本通过心理资源和积极情感两个路径产生，现则只通过积极情感路径产生，通过心理资源路径产生的效用被积极情感综合了；类似地，这也使得无形支持与工作对家庭资本之间的关系原本也可以通过心理资源和积极情感两个路径产生，但现在只通过心理资源路径产生，原本通过积极情感路径产生的效用被心理资源综合了。

5.4 心理资源对感知的组织家庭支持与员工家庭对工作增益关系的中介作用

5.4.1 概念模型与研究假设

如前文所述，工作–家庭增益包括工作对家庭增益和家庭对工作增益两个增益方向，虽然两个增益的实现并不一定能够同时或同步进行（Frone，2003；李原，2013），但 Greenhaus 和 Powell 在提出工作–家庭增益双路径模型时指出，无论是工作对家庭增益还是家庭对工作增益，其发生的机理相同，均通过工具性路径和情感性路径发生。对于工具性路径，其核心机制在于参与某种角色能够产生直接应用另一角色的资源，正如 Graves et al.（2007）认为的那样，资源能够从某一个领域（工作或家庭）被转移到另一个领域（工作或家庭），并带来了与工作态度或工作绩效相关的较好的结果，而这一较好结果亦即包括家庭对工作增益。本书将焦点聚集在诸多资源中的心理资源上，这是因为，本书所选定的自变量感知的组织家庭支持，其构念内涵就在于强调员工主观上的、心理上的、知觉上的支持。进一步地，学者们还发现，无论是员工在组织中感知到的何种资源以及组织提供的何种支持型资源，这些资源均是依赖于组织产生的情境资源，而这些情境资源是可以通过增强个体特征和能量以促进个体在跨角色领域的表现进而实现增益的（Ten Brummelhuis & Bakker，2012）。前文已经验证了心理资源能够在感知的组织家庭支持与员工工作对家庭增益之间起到中介作用。而根据社会交换理论，组织以怎样的方式对待员工，员工就会以同样的方式回馈组织（Coely-Shapiro & Conway，2005）。感知的组织家庭支持让员工感知到被组织重视，进而产生自信、自尊等心理资源，这些心理资源在能够促进员工实现工作对家庭增益的同时，也能够让员工在更好的家庭生活中收获更多的心理资源，从而反过来进一步促进家庭对工作增益的实现。因而，本书认为，感知的组织家庭支持对员工家庭对工作增益的影响也能够通过心理资源发生作用。于是，提出如下研究假设：

H3：心理资源在感知的组织家庭支持与员工家庭对工作增益之间具有中介作用

进一步地，在前文探讨有关感知的组织家庭支持对员工家庭对工作增益的直接影响效应时发现，感知的组织家庭支持中有形支持维度对家庭对工作增益的三个维度影响中，只对家庭对工作发展、家庭对工作效率具有显著影响，对家庭对工作情感无显著影响；而感知的组织家庭支持中无形支持维度对家庭对工作增益三个维度均具有显著影响，据此，心理资源在感知的组织家庭支持与员工家庭对工作增益之间的中介作用可具体化为如下五个方面：心理资源在有形支持与员工家庭对工作发展之间的中介作用，心理资源在有形支持与员工家庭对工作效率之间的中介作用；心理资源在无形支持与家庭对工作发展之间的中介作用，心理资源在无形支持与家庭对工作情感之间的中介作用以及心理资源在无形支持与家庭对工作效率之间的中介作用。据此，心理资源在感知的组织家庭支持与员工家庭对工作增益之间中介作用的研究假设模型如图 5-7 所示。

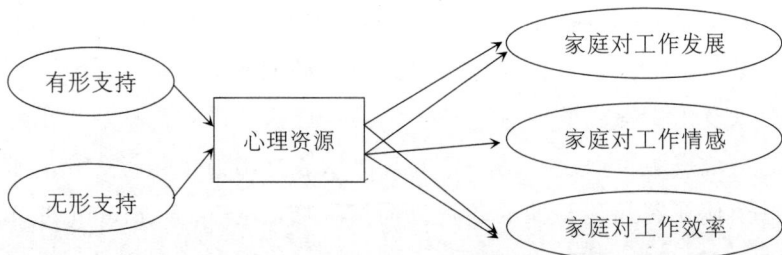

图 5-7　心理资源在 POFS 与员工家庭对工作增益之间的中介作用研究模型图

5.4.2　研究方法

如前文所述，本书采用 Jahn 等学者于 2003 年编制的 9 题项感知的组织家庭支持量表，其中 6 个题项用于测量有形支持，3 个题项用于测量无形支持，该量表具有较好的信度，内部一致性信度系数 α 值为 0.948，且采用 Likert5 点量表，1 代表完全不同意，2 代表较不同意，3 代表中等同意，4 代表很同意，5 代表非常同意；心理资源的测量采用 Powell 和 Chen 于 2012 年编制的心理资源量表，该量表内部一致性信度系数 α 值为 0.946，且采用 Likert5 点量表，1 代表几乎没有，2 代表很少，3 代表一些，4 代表很多，5 代表非常多；对家庭对工作增益变量的测量采用 Carlson et al. 于 2006 年编制的工作-家庭增益量表中的家庭对工作增益子量表。该量表共计 9 个题项，包括家庭对工作发展、家庭对工作情感和家庭对工作效率三个维度，每个维度 3 个题项，量表的内部一致性信度系数 α 值为 0.966。家庭对工作增益量表的测量也采用 Likert5 点量表，1 代表完全不同意，2 代表较不同意，3 代表中等同意，4 代表很同意，5 代表非常同意。

本部分基于上文有关感知的组织家庭支持、心理资源和家庭对工作增益的验证性因子分析以及感知的组织家庭支持对员工家庭对工作增益直接影响效应的分析，以全部 787 个有效数据为研究样本，运用 AMOS 软件对心理资源在感知的组织家庭支持和员工家庭对工作增益之间的中介影响效应进行探讨。

5.4.3　结构方程分析

如前文所构建的心理资源在感知的组织家庭支持与员工家庭对工作增益之间中介作用的研究模型，基于 787 个全部有效数据，应用 AMOS 软件对其进行结构方程分析。

心理资源在感知的组织家庭支持与员工家庭对工作增益之间的中介作用全模型拟合结果见表 5-7。根据表 5-7，初始模型 Model0 拟合效果较为理想，各拟合指标值均在可接受水平。具体而言，

χ^2/df 值为 2.519，小于可接受水平 5；GFI 值为 0.934，远大于可接受水平 0.90；NFI 值为 0.965，远大于可接受水平 0.90；RFI 值为 0.959，远大于可接受水平 0.90；CFI 值为 0.979，远大于可接受水平 0.90；RMSEA 值为 0.044，小于可接受水平 0.08。这表明，心理资源在感知的组织家庭支持与员工家庭对工作增益之间的中介影响效应成立。

表 5-7　　　　心理资源对 POFS 与员工家庭对工作增益的中介影响效应拟合指数表

指标	χ^2	df	χ^2/df	P	GFI	NFI	RFI	CFI	RMSEA
Model0	758.302	301	2.519	0.000	0.934	0.965	0.959	0.979	0.044

[注]：所有拟合指标值均在 0.001 水平上显著。

根据前文 Muller 等人有关中介作用成立与否的四个条件，对心理资源在有形支持与员工家庭对工作发展之间的中介作用，心理资源在有形支持与员工家庭对工作效率之间的中介作用，心理资源在无形支持与家庭对工作发展之间的中介作用，心理资源在无形支持与家庭对工作情感之间的中介作用以及心理资源在无形支持与家庭对工作效率之间的中介作用进行验证，进而对本部分提出的研究假设 H3 进行检验。

各变量之间的路径系数，即结构方程分析结果的具体数值见表 5-8。在表 5-8 中，Model0 代表中介变量心理资源未进入之前，有形支持对员工家庭对工作增益中家庭对工作发展和家庭对工作效率两个维度的直接影响，和无形支持对家庭对工作增益三个维度，家庭对工作发展、家庭对工作情感和家庭对工作效率的直接影响，这一部分数值来源于前文有关感知的组织家庭员工工作对家庭增益直接影响效应的研究（见表 4-4）。Model1 表示中介变量心理资源进入后，自变量感知的组织家庭支持、中介变量心理资源和因变量家庭对工作增益之间具体路径数值。

表 5-8　　　　心理资源对 POFS 与员工家庭对工作增益的
中介作用路径系数及显著性检验表

模型	变量间关系	标准化路径系数	非准化路径系数	标准误	CR值	P值	显著性水平
Model0	有形支持→家庭对工作发展	−0.146	−0.166	0.082	−2.033	0.042（*）	显著
	有形支持→家庭对工作效率	−0.164	−0.183	0.082	−2.223	0.026（*）	显著
	无形支持→家庭对工作发展	0.791	0.823	0.080	10.320	***	显著
	无形支持→家庭对工作情感	0.756	0.797	0.081	9.834	***	显著
	无形支持→家庭对工作效率	0.773	0.789	0.080	9.847	***	显著
Model1	有形支持→家庭对工作发展	−0.045	−0.052	0.051	−1.022	0.307	不显著
	有形支持→家庭对工作效率	−0.051	−0.057	0.045	−1.261	0.207	不显著
	无形支持→家庭对工作发展	0.492	0.512	0.061	8.395	***	显著
	无形支持→家庭对工作情感	0.397	0.420	0.040	10.519	***	显著
	无形支持→家庭对工作效率	0.418	0.427	0.056	7.583	***	显著
	有形支持→心理资源	−0.087	−0.086	0.072	−1.189	0.235	不显著
	无形支持→心理资源	0.655	0.590	0.070	8.381	***	显著
	心理资源→家庭对工作发展	0.362	0.418	0.044	9.570	***	显著
	心理资源→家庭对工作情感	0.413	0.484	0.044	10.986	***	显著
	心理资源→家庭对工作效率	0.438	0.498	0.044	11.389	***	显著

［注］：*表示 P 值小于 0.05；***表示 P 值小于 0.001。

一是有关心理资源在有形支持与家庭对工作发展之间的中介作用判定。在心理资源进入之前，根据前文有关有形支持对家庭对工作发展直接影响效应的研究，即 Model0，有形支持对家庭对工作发展具有显著性影响，该路径的标准化路径系数为 −0.146（在 0.05 水平上显著）。在加入中介变量心理资源以后，自变量有形支持对中介变量心理资源影响不显著，P 值为 0.235，远大于最低可接受显著水平 0.05。根据 Muller et al.（2005）关于中介作用判定标准，中介作用的成立须满足四个条件，而这已不符合第二个条件："自变量对中介变量影响显著。"这意味着，心理资源在有形支持与家庭对工作发展之间没有中介作用。

二是有关心理资源在有形支持与家庭对工作效率之间的中介作用判定。在心理资源进入之前，根据前文有关有形支持对家庭对工作发展直接影响效应的研究，即 Model0，有形支持对家庭对工作效率具有显著性影响，该路径的标准化路径系数为 −0.164（在 0.05 水平上显著）。在加入中介变量心理资源以后，自变量有形支持对中介变量心理资源影响不显著，P 值为 0.235，远大于最低可接受显著水平 0.05。根据 Muller et al.（2005）关于中介作用判定标准，中介作用的成立须满足四个条件，而这已不符合第二个条件："自变量对中介变量影响显著。"这意味着，心理资源在有形支持与家庭对工作效率之间没有中介作用。

三是有关心理资源在无形支持与家庭对工作发展之间的中介作用判定。在中介变量心理资源进入之前，根据前文有关无形支持对家庭对工作发展直接影响效应的研究，即 Model0，无形支持对家庭对工作发展具有显著性影响，该路径的标准化路径系数为 0.791（在 0.001 水平上显著）。在加入中介变量心理资源之后，自变量无形支持对中介变量心理资源具有显著性影响，其标准化路径系数为 0.655（在 0.001 水平上显著）；中介变量心理资源对因变量家庭对工作发展具有显著性影响，其标准化路径系数为 0.362（在 0.001 水平上显著）；而此时，自变量无形支持对因变量家庭对工作发展仍然具有显著性影响，标准化路径系数为 0.492（在 0.001 水平上显著），对比未引入心理资源变量之前，自变量无形支持对因变量家庭对工作发展影响的标准化路径系数0.791，明显减小，这意味着，心理资源在无形支持与家庭对工作发展之间具有部分中介作用。

四是有关心理资源在无形支持与家庭对工作情感之间的中介作用判定。在中介变量心理资源进入之前，根据前文有关无形支持对家庭对工作情感直接影响效应的研究，即Model0，无形支持对家庭对工作情感具有显著性影响，该路径的标准化路径系数为0.756（在0.001水平上显著）。在加入中介变量心理资源之后，自变量无形支持对中介变量心理资源具有显著性影响，其标准化路径系数为0.655（在0.001水平上显著）；中介变量心理资源对因变量家庭对工作情感具有显著性影响，其标准化路径系数为0.413（在0.001水平上显著）；而此时，自变量无形支持对因变量家庭对工作情感仍然具有显著性影响，标准化路径系数为0.397（在0.001水平上显著），对比未引入心理资源变量之前，自变量无形支持对因变量家庭对工作情感影响的标准化路径系数0.756，明显减小，这意味着，心理资源在无形支持与家庭对工作情感之间具有部分中介作用。

五是有关心理资源在无形支持与家庭对工作效率之间的中介作用判定。在中介变量心理资源进入之前，根据前文有关无形支持对家庭对工作效率直接影响效应的研究，即Model0，无形支持对家庭对工作效率具有显著性影响，该路径的标准化路径系数为0.773（在0.001水平上显著）。在加入中介变量心理资源之后，自变量无形支持对中介变量心理资源具有显著性影响，其标准化路径系数为0.655（在0.001水平上显著）；中介变量心理资源对因变量家庭对工作效率具有显著性影响，其标准化路径系数为0.438（在0.001水平上显著）；而此时，自变量无形支持对因变量家庭对工作效率仍然具有显著性影响，标准化路径系数为0.418（在0.001水平上显著），对比未引入心理资源变量之前，自变量无形支持对因变量家庭对工作效率影响的标准化路径系数0.773，明显减小，这意味着，心理资源在无形支持与家庭对工作效率之间具有部分中介作用。

由上述结构方程分析结果可知，中介变量心理资源在有形支持与员工家庭对工作发展之间和有形支持与员工家庭对工作效率之间均无中介作用，但在无形支持与员工家庭对工作增益的三个维度之间均具有中介作用，即心理资源在无形支持与员工家庭对工作发展之间具有中介作用，心理资源在无形支持与员工家庭对工作情感之间具有中介作用，以及心理资源在无形支持与员工家庭对工作效率之间具有部分中介作用。据此，本章的假设 H3：心理资源在感知的组织家庭支持与员工家庭对工作增益之间具有中介作用得到部分验证。而心理资源在感知的组织家庭支持与员工家庭对工作增益三个维度之间的具体关系如图 5-8 所示。

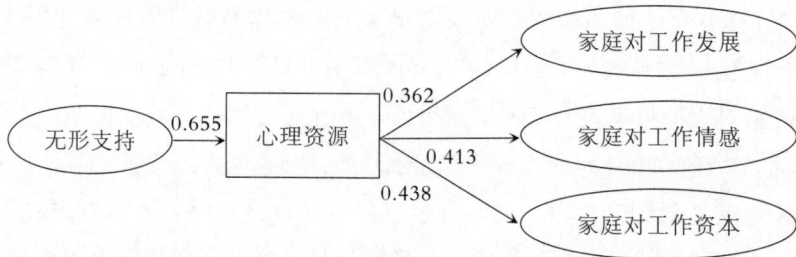

图 5-8 心理资源在 POFS 与员工家庭对工作增益之间的中介作用具体关系图

5.5 积极情感对感知的组织家庭支持与员工家庭对工作增益关系的中介作用

5.5.1 概念模型与研究假设

如前文所述，正式将积极情感变量引入员工工作-家庭界面的是 Greenhaus 和 Powell 于 2006 年提出的工作-家庭增益双路径模型中的情感性路径。Rothabard（2001）以及 Edwards & Rothard（2000）均提出，某一角色所产生的积极情感，由于具有溢出效应，因而能够促进个体在另一角色中投入更多进而提高绩效。与此同时，其他学者也发现由工作而产生的自尊感等积极情感均能够促进角色绩效的提升或职业成功（Korman，1976；McCall et al.，1988；Seiber et al.，2001），从而实现增益，这就进一步肯定了积极情感在员工工作-家庭增益实现过程中所具有的重要作用。而本书的自变量感知的组织家庭支持是员工能够切实体会和感受到组织对其家庭需求的关心和帮助，而这一过程无疑会让个体产生积极情感，而这种积极情感的产生会促使个体在家庭生活中更为投入和认真，进而也能够提高家庭生活水平和质量。社会交换理论认为，员工是会评估组织与自己之间的互动，而满意的互动能够促进员工在未来给予积极的回应（Brandes et al., 2004），而来自员工主观想法的感知的组织家庭支持无疑是员工与组织之间满意的互动。进一步地，社会交换理论认为，当员工感觉到他们的组织对自己非常重视时，他们也会以同样的方式来重视组织，并因此更加欣赏和喜欢自己所在的组织。作为回报，员工会通过一些积极的表现来回馈或互动组织的这类行为（Eisenberger et al., 2001; Brandes et al., 2004），这一积极表现就包括增加对工作的投入，而这一过程也实现了家庭对工作增益。而且前文已经验证了感知的组织家庭支持对员工家庭对工作增益的影响，因而，本书认为，这一直接影响效应是通过积极情感产生的。于是，本书提出如下假设：

H4：积极情感在感知的组织家庭支持与员工家庭对工作增益之间具有中介作用

进一步地，在前文探讨有关感知的组织家庭支持对员工家庭对工作增益的直接影响效应时发现，感知的组织家庭支持中有形支持维度对家庭对工作增益的三个维度影响中，只对家庭对工作发展、家庭对工作效率具有显著影响，对家庭对工作情感无显著影响；而感知的组织家庭支持中无形支持维度对家庭对工作增益三个维度均具有显著影响，据此，积极情感在感知的组织家庭支持与员工家庭对工作增益之间的中介作用可具体化为如下五个方面：积极情感在有形支持与员工家庭对工作发展之间的中介作用，积极情感在有形支持与员工家庭对工作效率之间的中介作用；积极情感在无形支持与家庭对工作发展之间的中介作用，积极情感在无形支持与家庭对工作情感之间的中介作用以及积极情感在无形支持与家庭对工作效率之间的中介作用。据此，积极情感在感知的组织家庭支持与员工家庭对工作增益之间中介作用的研究假设模型如图5-9所示。

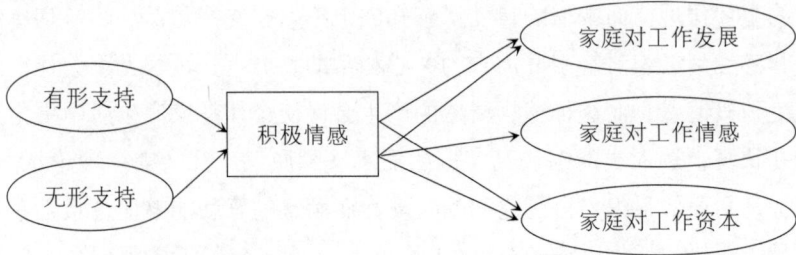

图 5-9 积极情感在 POFS 与员工家庭对工作增益之间的中介作用研究模型图

5.5.2 研究方法

如前文所述，本书采用 Jahn 等学者于 2003 年编制的 9 题项感知的组织家庭支持量表，其中 6 个题项用于测量有形支持，3 个题项用于测量无形支持，该量表具有较好的信度，内部一致性信度系数 α 值为 0.948，且采用 Likert5 点量表，1 代表完全不同意，2 代表较不同意，3 代表中等同意，4 代表很同意，5 代表非常同意；积极情感的测量采用 Watson 于 1988 年编制的积极情感量表，共计 10 个题项，该量表内部一致性信度系数 α 值为 0.945，且采用 Likert5 点量表，1 代表几乎没有，2 代表很少，3 代表一些，4 代表很多，5 代表非常多；对家庭对工作增益变量的测量采用 Carlson et al. 于 2006 年编制的工作–家庭增益量表中的家庭对工作增益子量表。该量表共计 9 个题项，包括家庭对工作发展、家庭对工作情感和家庭对工作效率三个维度，每个维度 3 个题项，量表的内部一致性信度系数 α 值为 0.966。家庭对工作增益量表的测量也采用 Likert5 点量表，1 代表完全不同意，2 代表较不同意，3 代表中等同意，4 代表很同意，5 代表非常同意。

本部分基于上文有关感知的组织家庭支持、积极情感和家庭对工作增益的验证性因子分析以及感知的组织家庭支持对员工家庭对工作增益直接影响效应的分析，以全部 787 个有效数据为研究样本，运用 AMOS 软件对积极情感在感知的组织家庭支持和员工家庭对工作增益之间的中介影响效应进行探讨。

5.5.3 结构方程分析

如前文所构建的积极情感在感知的组织家庭支持与员工家庭对工作增益之间中介作用的研究模型，基于787个全部有效数据，应用AMOS软件对其进行结构方程分析。

积极情感在感知的组织家庭支持与员工家庭对工作增益之间的中介作用全模型拟合结果见表5-9。根据表5-9，初始模型Model0拟合效果较为理想，各拟合指标值均在可接受水平。具体而言，χ^2/df值为2.436，小于可接受水平5；GFI值为0.933，远大于可接受水平0.90；NFI值为0.965，远大于可接受水平0.90；RFI值为0.959，远大于可接受水平0.90；CFI值为0.979，远大于可接受水平0.90；RMSEA值为0.043，小于可接受水平0.08。这表明，积极情感在感知的组织家庭支持与员工家庭对工作增益之间的中介影响效应成立。

表5-9　　　　积极情感对POFS与员工家庭对工作增益的
中介影响效应拟合指数表

指标	χ^2	df	χ^2/df	P	GFI	NFI	RFI	CFI	RMSEA
Model0	789.183	324	2.436	0.000	0.933	0.965	0.959	0.979	0.043

　　[注]：所有拟合指标值均在0.001水平上显著。

根据前文Muller等人有关中介作用成立与否的四个条件，积极情感在有形支持与员工家庭对工作发展之间的中介作用，积极情感在有形支持与员工家庭对工作效率之间的中介作用；积极情感在无形支持与家庭对工作发展之间的中介作用，积极情感在无形支持与家庭对工作情感之间的中介作用以及积极情感在无形支持与家庭对工作效率之间的中介作用进行验证，进而对本部分提出的研究假设H4进行检验。

各变量之间的路径系数，即结构方程分析结果的具体数值见表5-10。在表5-10中，Model0代表中介变量积极情感未进入之前，有形支持对员工家庭对工作增益中家庭对工作发展和家庭对工作效率两个维度的直接影响，和无形支持对家庭对工作增益三个维度，家庭对工作发展、家庭对工作情感和家庭对工作效率的直接影响，这一部分数值来源于前文有关感知的组织家庭员工工作对家庭增益直接影响效应的研究（见表4-4）。Model1表示中介变量积极情感进入后，自变量感知的组织家庭支持、中介变量积极情感和因变量家庭对工作增益之间具体路径数值。

表5-10　　　　积极情感对POFS与员工家庭对工作增益的
中介作用路径系数及显著性检验表

模型	变量间关系	标准化路径系数	非准化路径系数	标准误	CR值	P值	显著性水平
Model0	有形支持→家庭对工作发展	−0.146	−0.166	0.082	−2.033	0.042（*）	显著
	有形支持→家庭对工作效率	−0.164	−0.183	0.082	−2.223	0.026（*）	显著
	无形支持→家庭对工作发展	0.791	0.823	0.080	10.320	***	显著
	无形支持→家庭对工作情感	0.756	0.797	0.081	9.834	***	显著
	无形支持→家庭对工作效率	0.773	0.789	0.080	9.847	***	显著
Model1	有形支持→家庭对工作发展	−0.055	−0.063	0.050	−1.262	0.207	不显著
	有形支持→家庭对工作效率	−0.066	−0.073	0.045	−1.644	0.100	不显著
	无形支持→家庭对工作发展	0.521	0.542	0.059	9.205	***	显著
	无形支持→家庭对工作情感	0.422	0.445	0.040	10.985	***	显著
	无形支持→家庭对工作效率	0.468	0.478	0.055	8.642	***	显著
	有形支持→积极情感	0.097	0.097	0.071	1.358	0.175	不显著
	无形支持→积极情感	0.489	0.449	0.069	6.539	***	显著
	积极情感→家庭对工作发展	0.326	0.369	0.042	8.707	***	显著
	积极情感→家庭对工作情感	0.370	0.425	0.043	9.846	***	显著
	积极情感→家庭对工作效率	0.373	0.415	0.043	9.733	***	显著

［注］：*表示P值小于0.05；***表示P值小于0.001。

　　一是有关积极情感在有形支持与家庭对工作发展之间的中介作用判定。在积极情感进入之前，根据前文有关有形支持对家庭对工作发展直接影响效应的研究，即 Model0，有形支持对家庭对工作发展具有显著性影响，该路径的标准化路径系数为 −0.146（在 0.05 水平上显著）。在加入中介变量积极情感以后，自变量有形支持对中介变量积极情感影响不显著，P 值为 0.175，远大于最低可接受显著水平 0.05。根据 Muller et al.（2005）关于中介作用判定标准，中介作用的成立须满足四个条件，而这已不符合第二个条件："自变量对中介变量影响显著。"这意味着，积极情感在有形支持与家庭对工作发展之间没有中介作用。

　　二是有关积极情感在有形支持与家庭对工作效率之间的中介作用判定。在积极情感进入之前，根据前文有关有形支持对家庭对工作效率直接影响效应的研究，即 Model0，有形支持对家庭对工作效率具有显著性影响，该路径的标准化路径系数为 −0.164（在 0.05 水平上显著）。在加入中介变量积极情感以后，自变量有形支持对中介变量积极情感影响不显著，P 值为 0.175，远大于最低可接受显著水平 0.05。根据 Muller et al.（2005）关于中介作用判定标准，中介作用的成立须满足四个条件，而这已不符合第二个条件："自变量对中介变量影响显著。"这意味着，积极情感在有形支持与家庭对工作效率之间没有中介作用。

　　三是有关积极情感在无形支持与家庭对工作发展之间的中介作用判定。在中介变量积极情感进入之前，根据前文有关无形支持对家庭对工作发展直接影响效应的研究，即 Model0，无形支持对家庭对工作发展具有显著性影响，该路径的标准化路径系数为 0.791（在 0.001 水平上显著）。在加入中介变量积极情感之后，自变量无形支持对中介变量积极情感具有显著性影响，其标准化路径系数为 0.489（在 0.001 水平上显著）；中介变量积极情感对因变量家庭对工作发展具有显著性影响，其标准化路径系数为 0.326（在 0.001 水平上显著）；而此时，自变量无形支持对因变量家庭对工作发展仍然具有显著性影响，标准化路径系数为 0.521（在 0.001 水平上显著），对比未引入积极情感变量之前，自变量无形支持对因变量家庭对工作发展影响的标准化路径系数 0.791，明显减小，这意味着，积极情感在无形支持与家庭对工作发展之间具有部分中介作用。

四是有关积极情感在无形支持与家庭对工作情感之间的中介作用判定。在中介变量积极情感进入之前，根据前文有关无形支持对家庭对工作情感直接影响效应的研究，即 Model0，无形支持对家庭对工作情感具有显著性影响，该路径的标准化路径系数为 0.756（在 0.001 水平上显著）。在加入中介变量积极情感之后，自变量无形支持对中介变量积极情感具有显著性影响，其标准化路径系数为 0.489（在 0.001 水平上显著）；中介变量积极情感对因变量家庭对工作情感具有显著性影响，其标准化路径系数为 0.370（在 0.001 水平上显著）；而此时，自变量无形支持对因变量家庭对工作情感仍然具有显著性影响，标准化路径系数为 0.422（在 0.001 水平上显著），对比未引入积极情感变量之前，自变量无形支持对因变量家庭对工作情感影响的标准化路径系数为 0.756，明显减小，这意味着，积极情感在无形支持与家庭对工作情感之间具有部分中介作用。

五是有关积极情感在无形支持与家庭对工作效率之间的中介作用判定。在中介变量积极情感进入之前，根据前文有关无形支持对家庭对工作效率直接影响效应的研究，即 Model0，无形支持对家庭对工作效率具有显著性影响，该路径的标准化路径系数为 0.773（在 0.001 水平上显著）。在加入中介变量积极情感之后，自变量无形支持对中介变量积极情感具有显著性影响，其标准化路径系数为 0.489（在 0.001 水平上显著）；中介变量积极情感对因变量家庭对工作效率具有显著性影响，其标准化路径系数为 0.373（在 0.001 水平上显著）；而此时，自变量无形支持对因变量家庭对工作效率仍然具有显著性影响，标准化路径系数为 0.468（在 0.001 水平上显著），对比未引入积极情感变量之前，自变量无形支持对因变量家庭对工作效率影响的标准化路径系数为 0.773，明显减小，这意味着，积极情感在无形支持与家庭对工作效率之间具有部分中介作用。由上述结构方程分析结果可知，中介变量积极情感在有形支持与员工家庭对工作发展之间和有形支持与员工家庭对工作效率之间均无中介作用，但在无形支持与员工家庭对工作增益的三个维度之间均具有中介作用，即积极情感在无形支持与员工家庭对工作发展之间具有中介作用，积极情感在无形支持与员工家庭对工作情感之间具有中介作用，以及积极情感在无形支持与员工家庭对工作效率之间均具有部分中介作用。据此，本章的假设 H4：积极情感在感知的组织家庭支持与员工家庭对工作增益之间具有中介作用得到部分验证。而积极情感在感知的组织家庭支持与员工家庭对工作增益三个维度之间的具体关系如图 5-10 所示。

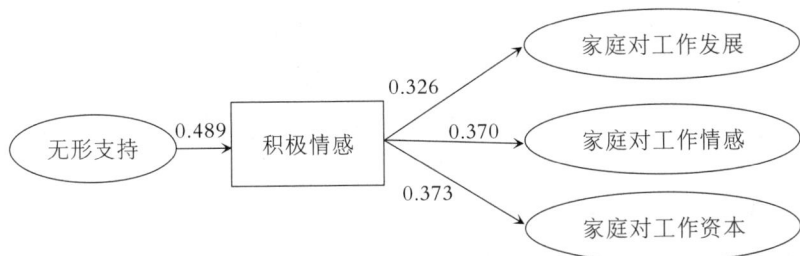

图 5-10　积极情感在 POFS 与员工家庭对工作增益之间的中介作用具体关系图

5.6　心理资源和积极情感对感知的组织家庭支持与员工家庭对工作增益关系的联合中介作用

5.6.1　概念模型

如前文所述，Greenhaus 和 Powell 于 2006 年提出了工作-家庭增益的双路径模型，即工具性路径和情感性路径，而本书亦选择了工具性路径中的心理资源和情感性路径中的积极情感作为两个中介变量。而且，前文不但已经证实了感知的组织家庭支持对员工家庭对工作增益的直接影响效应，而且也证实了，心理资源在无形支持与员工家庭对工作发展之间，无形支持与员工家庭对工作情感之间以及无形支持与员工家庭对工作效率之间具有中介作用；积极情感在无形支持与员工家庭对工作发展之间，无形支持与员工家庭对工作情感之间以及无形支持与员工家庭对工作效率之间具有中介作用。这意味着，感知的组织家庭支持能够既通过工具性路径（核心变量为心理资源）对员工家庭对工作增益产生影响，与此同时也能够通过情感性路径（核心变量为积极情感）对员工家庭对工作增益产生影响。那么，到底何种路径的作用更为突出？这是仍需进一步研究和思考的问题，这无疑更有益于探索感知的组织家庭支持对员工家庭对工作增益影响的具体作用机理。因而，为了对比工具性路径和情感性路径两条中介机制的力量大小，换言之，为了进一步探究心理资源和积极情感对感知的组织家庭支持与员工家庭对工作增益三个维度的具体影响效应，本部分拟对心理资源和积极情感在感知的组织家庭支持与员工家庭对工作增益三个维度之间的联合中介作用进行探讨。又因为，前文在探讨心理资源和积极情感对感知的组织家庭支持和员工工作对家庭增益三个维度关系的中介作用时发现，心理资源和积极情感具有相关性，据此，在此处分析心理资源和积极情感在感知的组织家庭支持与员工家庭对工作增益三个维度之间的中介作用时，连接心理资源和积极情感，由此，这一联合中介作用研究假设模型如图 5-11 所示。

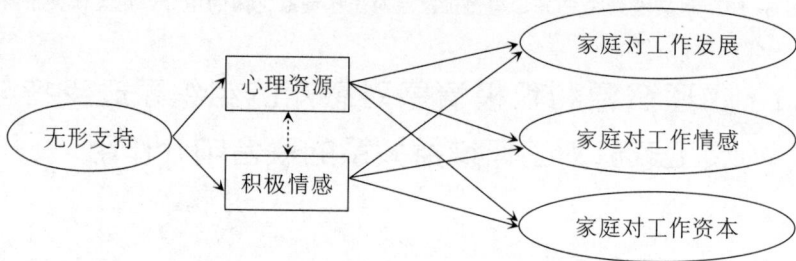

图 5-11　心理资源和积极情感在 POFS 与员工家庭对工作增益
之间的联合中介作用研究模型图

5.6.2　研究方法

如前文所述，本书采用 Jahn 等学者于 2003 年编制的 9 题项感知的组织家庭支持量表，其中 6 个题项用于测量有形支持，3 个题项用于测量无形支持，该量表具有较好的信度，内部一致性信度系数 α 值为 0.948，且采用 Likert5 点量表，1 代表完全不同意，2 代表较不同意，3 代表中等同意，4 代表很同意，5 代表非常同意；心理资源的测量采用 Powell 和 Chen 于 2012 年编制的心理资源量表，该量表内部一致性信度系数 α 值为 0.946，且采用 Likert5 点量表，1 代表几乎没有，2 代表很少，3 代表一些，4 代表很多，5 代表非常多；积极情感的测量采用 Watson 于 1988 年编制的积极情感量表，共计 10 个题项，该量表内部一致性信度系数 α 值为 0.945，且采用 Likert5 点量表，1 代表几乎没有，2 代表很少，3 代表一些，4 代表很多，5 代表非常多；对家庭对工作增益变量的测量采用 Carlson et al. 于 2006 年编制的工作-家庭增益量表中的家庭对工作增益子量表。该量表共计 9 个题项，包括家庭对工作发展、家庭对工作情感和家庭对工作效率三个维度，每个维度 3 个题项，量表的内部一致性信度系数 α 值为 0.966。家庭对工作增益量表的测量也采用 Likert5 点量表，1 代表完全不同意，2 代表较不同意，3 代表中等同意，4 代表很同意，5 代表非常同意。

本部分基于上文有关感知的组织家庭支持、心理资源、积极情感和家庭对工作增益的验证性因子分析以及感知的组织家庭支持对员工家庭对工作增益直接影响效应的分析，以全部 787 个有效数据为研究样本，运用 AMOS 软件对心理资源和积极情感在感知的组织家庭支持和员工家庭对工作增益之间关系的联合中介影响效应进行探讨。

5.6.3　结构方程分析

如前文所构建的心理资源和积极情感在感知的组织家庭支持与员工家庭对工作增益之间联合中介作用的研究模型，基于 787 个全部有效数据，应用 AMOS 软件对其进行结构方程分析。

心理资源和积极情感在感知的组织家庭支持与员工家庭对工作增益之间的联合中介作用全模型拟合结果见表 5-11。根据表 5-11，初始模型 Model0 拟合效果较为理想，各拟合指标均已经达到可接受水平。具体而言，χ^2/df 值为 2.360，小于可接受水平 5；GFI 值为 0.912，远大于可接受水平 0.90；NFI 值为 0.954，远大于可接受水平 0.90；RFI 值为 0.948，远大于可接受水平 0.90；CFI 值为 0.973，远大于可接受水平 0.90；RMSEA 值为 0.042，小于可接受水平 0.08。据此，心理资源和积极情感在感知的组织家庭支持中无形支持维度与员工家庭对工作增益三个维度，即家庭对工作发展、家庭对工作情感和家庭对工作效率之间的联合中介作用成立。

表 5-11 　心理资源和积极情感对 POFS 与员工家庭对工作增益
关系的联合中介影响效应拟合指数表

指标	χ^2	df	χ^2/df	P	GFI	NFI	RFI	CFI	RMSEA
Model0	1 399.737	593	2.360	0.000	0.912	0.954	0.948	0.973	0.042

　　[注]：所有拟合指标值均在 0.001 水平上显著。

　　根据前文 Muller 等人有关中介作用成立与否的四个条件，对心理资源和积极情感在感知的组织家庭支持与员工家庭对工作增益之间，即心理资源分别在无形支持维度与家庭对工作发展，与家庭对工作情感以及与家庭对工作效率之间的中介作用进行验证，以及积极情感分别在无形支持维度与家庭对工作发展，与家庭对工作情感以及与家庭对工作效率之间的中介作用进行验证，进而对本部分提出的研究假设 H3 和 H4 进行进一步的检验。

　　各变量之间的路径系数，即结构方程分析结果的具体数值见表 5-12。在表 5-12 中，Model0 代表中介变量心理资源和积极情感未进入之前，无形支持对家庭对工作增益三个维度的直接影响，这一部分数值来源于前文有关无形支持对员工家庭对工作增益直接影响效应的研究（见表 4-4）。Model1 表示中介变量心理资源和积极情感进入后，自变量无形支持，中介变量心理资源、积极情感和因变量家庭对工作增益之间具体路径数值。

　　（1）心理资源在感知的组织家庭支持与员工家庭对工作增益之间的中介作用，这可具体化为如下五个方面：

　　一是有关心理资源在有形支持与家庭对工作发展之间的中介作用判定。在心理资源和积极情感进入之前，根据前文有关有形支持对家庭对工作发展直接影响效应的研究，即 Model0，有形支持对家庭对工作发展具有显著性影响，该路径的标准化路径系数为−0.146（在 0.05 水平上显著）。在加入中介变量心理资源以后，自变量有形支持对中介变量心理资源影响不显著，P 值为 0.242，远大于最低可接受显著水平 0.05。根据 Muller et al.（2005）关于中介作用判定标准，中介作用的成立须满足四个条件，而这已不符合第二个条件："自变量对中介变量影响显著。"这意味着，心理资源在有形支持与家庭对工作发展之间没有中介作用。

表 5-12　心理资源和积极情感对 POFS 与员工家庭对工作增益

之间联合中介作用路径系数检验表

模型	变量间关系	标准化路径系数	非准化路径系数	标准误	CR 值	P 值	显著性水平
Model 0	有形支持→家庭对工作发展	−0.146	−0.166	0.082	−2.033	0.042 (*)	显著
	有形支持→家庭对工作效率	−0.164	−0.183	0.082	−2.223	0.026 (*)	显著
	无形支持→家庭对工作发展	0.791	0.823	0.080	10.320	***	显著
	无形支持→家庭对工作情感	0.756	0.797	0.081	9.834	***	显著
	无形支持→家庭对工作效率	0.773	0.789	0.080	9.847	***	显著
Model1	有形支持→家庭对工作发展	−0.049	−0.056	0.052	−1.087	0.277	不显著
	有形支持→家庭对工作效率	−0.047	−0.053	0.046	−1.153	0.249	不显著
	无形支持→家庭对工作发展	0.481	0.502	0.061	8.220	***	显著
	无形支持→家庭对工作情感	0.382	0.404	0.040	10.097	***	显著
	无形支持→家庭对工作效率	0.405	0.414	0.056	7.340	***	显著
	有形支持→心理资源	−0.086	−0.070	0.060	−1.170	0.242	不显著
	无形支持→心理资源	0.654	0.489	0.059	8.233	***	显著
	有形支持→积极情感	0.097	0.098	0.073	1.348	0.178	不显著
	无形支持→积极情感	0.489	0.453	0.070	6.504	***	显著
	心理资源→家庭对工作发展	0.286	0.398	0.093	4.292	***	显著
	心理资源→家庭对工作情感	0.331	0.468	0.092	5.073	***	显著
	心理资源→家庭对工作效率	0.392	0.536	0.092	5.812	***	显著
	积极情感→家庭对工作发展	0.099	0.111	0.073	1.531	0.126	不显著
	积极情感→家庭对工作情感	0.107	0.122	0.072	1.682	0.093	不显著
	积极情感→家庭对工作效率	0.063	0.069	0.071	0.967	0.334	不显著

［注］：*表示 P 值小于 0.05；***表示 P 值小于 0.001。

二是有关心理资源在有形支持与家庭对工作效率之间的中介作用判定。在心理资源和积极情感进入之前，根据前文有关有形支持对家庭对工作效率直接影响效应的研究，即 Model0，有形支持对家庭对工作效率具有显著性影响，该路径的标准化路径系数为－0.164（在 0.05 水平上显著）。在加入中介变量心理资源以后，自变量有形支持对中介变量心理资源影响不显著，P 值为 0.242，远大于最低可接受显著水平0.05。根据 Muller et al.（2005）关于中介作用判定标准，中介作用的成立须满足四个条件，而这已不符合第二个条件："自变量对中介变量影响显著。"这意味着，心理资源在有形支持与家庭对工作效率之间没有中介作用。

三是有关心理资源在无形支持与家庭对工作发展之间的中介作用判定。在中介变量心理资源和积极情感进入之前，根据前文有关无形支持对家庭对工作发展直接影响效应的研究，即 Model0，无形支持对家庭对工作发展具有显著性影响，该路径的标准化路径系数为 0.791（在0.001 水平上显著）。在加入中介变量心理资源之后，自变量无形支持对中介变量心理资源具有显著性影响，其标准化路径系数为 0.654（在0.001 水平上显著）；中介变量心理资源对因变量家庭对工作发展具有显著性影响，其标准化路径系数为 0.286（在 0.001 水平上显著）；而此时，自变量无形支持对因变量家庭对工作发展仍然具有显著性影响，标准化路径系数为 0.481（在 0.001 水平上显著），对比未引入心理资源变量之前，自变量无形支持对因变量家庭对工作发展影响的标准化路径系数 0.791，明显减小，这意味着，心理资源在无形支持与家庭对工作发展之间具有部分中介作用。

四是有关心理资源在无形支持与家庭对工作情感之间的中介作用判定。在中介变量心理资源和积极情感进入之前，根据前文有关无形支持对家庭对工作情感直接影响效应的研究，即 Model0，无形支持对家庭对工作情感具有显著性影响，该路径的标准化路径系数为 0.756（在0.001 水平上显著）。在加入中介变量心理资源之后，自变量无形支持对中介变量心理资源具有显著性影响，其标准化路径系数为 0.654（在0.001 水平上显著）；中介变量心理资源对因变量家庭对工作情感具有显著性影响，其标准化路径系数为 0.331（在 0.001 水平上显著）；而此时，自变量无形支持对因变量家庭对工作情感仍然具有显著性影响，标准化路径系数为 0.382（在 0.001 水平上显著），对比未引入心理资源变量之前，自变量无形支持对因变量家庭对工作情感影响的标准化路径系数为 0.756，明显减小，这意味着，心理资源在无形支持与家庭对工作情感之间具有部分中介作用。

五是有关心理资源在无形支持与家庭对工作效率之间的中介作用判定。在中介变量心理资源和积极情感进入之前，根据前文有关无形支持对家庭对工作效率直接影响效应的研究，即 Model0，无形支持对家庭对工作效率具有显著性影响，该路径的标准化路径系数为 0.773（在 0.001 水平上显著）。在加入中介变量心理资源之后，自变量无形支持对中介变量心理资源具有显著性影响，其标准化路径系数为 0.654（在 0.001 水平上显著）；中介变量心理资源对因变量家庭对工作效率具有显著性影响，其标准化路径系数为 0.392（在 0.001 水平上显著）；而此时，自变量无形支持对因变量家庭对工作效率仍然具有显著性影响，标准化路径系数为 0.405（在 0.001 水平上显著），对比未引入心理资源变量之前，自变量无形支持对因变量家庭对工作效率影响的标准化路径系数为 0.773，明显减小，这意味着，心理资源在无形支持与家庭对工作效率之间具有部分中介作用。

（2）积极情感在感知的组织家庭支持与员工家庭对工作增益之间的中介作用，这可具体化为如下五个方面：

一是有关积极情感在有形支持与家庭对工作发展之间的中介作用判定。在心理资源和积极情感进入之前，根据前文有关有形支持对家庭对工作发展直接影响效应的研究，即 Model0，有形支持对家庭对工作发展具有显著性影响，该路径的标准化路径系数为 -0.146（在 0.05 水平上显著）。在加入中介变量积极情感以后，自变量有形支持对中介变量积极情感影响不显著，P 值为 0.178，远大于最低可接受显著水平 0.05。根据 Muller et al.（2005）关于中介作用判定标准，中介作用的成立须满足四个条件，而这已不符合第二个条件："自变量对中介变量影响显著。"这意味着，积极情感在有形支持与家庭对工作发展之间没有中介作用。

二是有关积极情感在有形支持与家庭对工作效率之间的中介作用判定。在两个中介变量即心理资源和积极情感进入之前，根据前文有关有形支持对家庭对工作发展直接影响效应的研究，即 Model0，有形支持对家庭对工作效率具有显著性影响，该路径的标准化路径系数为 -0.164（在 0.05 水平上显著）。在加入中介变量积极情感以后，自变量有形支持对中介变量积极情感影响不显著，P 值为 0.178，远大于最低可接受显著水平 0.05。根据 Muller et al.（2005）关于中介作用判定标准，中介作用的成立须满足四个条件，而这已不符合第二个条件："自变量对中介变量影响显著。"这意味着，积极情感在有形支持与家庭对工作效率之间没有中介作用。

三是有关积极情感在无形支持与家庭对工作发展之间的中介作用判定。在中介变量心理资源和积极情感进入之前，根据前文有关无形支持对家庭对工作发展直接影响效应的研究，即 Model0，无形支持对家庭对工作发展具有显著性影响，该路径的标准化路径系数为 0.791（在 0.001 水平上显著）。在加入中介变量积极情感之后，自变量无形支持对中介变量积极情感具有显著性影响，其标准化路径系数为 0.489（在 0.001 水平上显著）。但是，此时中介变量积极情感对因变量家庭对工作发展影响不显著，P 值为 0.126，远大于最低可接受水平 0.05。根据 Muller et al.（2005）关于中介作用判定标准，中介作用的成立须满足四个条件，而这已不符合第三个条件："中介变量对因变量影响显著。"这意味着，积极情感在无形支持与家庭对工作发展之间没有中介作用。

四是有关积极情感在无形支持与家庭对工作情感之间的中介作用判定。在中介变量心理资源和积极情感进入之前，根据前文有关无形支持对家庭对工作情感直接影响效应的研究，即 Model0，无形支持对家庭对工作情感具有显著性影响，该路径的标准化路径系数为 0.756（在 0.001 水平上显著）。在加入中介变量积极情感之后，自变量无形支持对中介变量积极情感具有显著性影响，其标准化路径系数为 0.489（在 0.001 水平上显著）。但是，此时中介变量积极情感对因变量家庭对工作情感影响不显著，P 值为 0.093，仍然大于最低可接受水平 0.05。根据

Muller et al.（2005）关于中介作用判定标准，中介作用的成立须满足四个条件，而这已不符合第三个条件："中介变量对因变量影响显著。"这意味着，积极情感在无形支持与家庭对工作情感之间没有中介作用。

五是有关积极情感在无形支持与家庭对工作效率之间的中介作用判定。在中介变量心理资源和积极情感进入之前，根据前文有关无形支持对家庭对工作效率直接影响效应的研究，即 Model0，无形支持对家庭对工作效率具有显著性影响，该路径的标准化路径系数为 0.773（在0.001 水平上显著）。在加入中介变量积极情感之后，自变量无形支持对中介变量积极情感具有显著性影响，其标准化路径系数为 0.489（在0.001 水平上显著）。但是，此时中介变量积极情感对因变量家庭对工作效率影响不显著，P 值为 0.334，远大于最低可接受水平 0.05。根据Muller et al.（2005）关于中介作用判定标准，中介作用的成立须满足四个条件，而这已不符合第三个条件："中介变量对因变量影响显著。"这意味着，积极情感在无形支持与家庭对工作效率之间没有中介作用。

此部分对心理资源和积极情感在感知的组织家庭支持与员工家庭对工作增益三个维度，即家庭对工作发展、家庭对工作情感和家庭对工作效率，之间的联合中介作用分析得出了与各自分析心理资源在感知的组织家庭支持与员工家庭对工作增益三个维度之间，以及积极情感在感知的组织家庭支持与员工家庭对工作增益三个维度之间中介作用，既有相同又有不同的研究结论。相同的研究结论主要表现在：与单独探讨心理资源的中介作用类似，当探讨二者联合中介作用时，同样发现，心理资源在有形支持与员工家庭对工作发展之间以及在有形支持与员工家庭对工作效率之间均没有中介作用，但在无形支持与员工家庭对工作增益三个维度之间均有部分中介作用，即在无形支持与员工家庭对工作发展之间具有部分中介作用，在无形支持与员工家庭对工作情感之间具有部分中介作用，同时在无形支持与员工家庭对工作效率之间也具有部分中介作用。而截然不同的研究结论主要表现在：在单独探讨积极情感在感知的组织家庭支持与员工家庭对工作增益关系的中介作用时发现，积极情感在有形支持与员工家庭对工作发展之间以及在有形支持与员工家庭对工作效率之间均没有中介作用，但在无形支持与员工家庭对工作增益三个维度之间均有部分中介作用，即在无形支持与员工家庭对工作发展之间具有部分中介作用，在无形支持与员工家庭对工作情感之间具有部分中介作用，同时在无形支持与员工家庭对工作效率之间也具有部分中介作用。但是在探讨心理资源和积极情感二者的联合中介作用时发现，积极情感在有形支持与家庭对工作发展之间，在有形支持与家庭对工作效率之间，以及在无形支持与家庭对工作增益三个维度之间，均没有中介作用。

综上，心理资源在无形支持与员工家庭对工作发展之间具有部分中介作用，心理资源在无形支持与员工家庭对工作情感之间具有部分中介作用，心理资源在无形支持与员工家庭对工作效率之间具有部分中介作用。因而，本部分假设 H3：心理资源在感知的组织家庭支持与员工家庭对工作增益之间具有中介作用得到部分验证，假设 H4：积极情感在感知的组织家庭支持与员工家庭对工作增益之间具有中介作用得到拒绝。据此，心理资源和积极情感在感知的组织家庭支持与员工家庭对工作增益三个维度，即家庭对工作发展、家庭对工作情感和家庭对工作效率之间的联合中介作用具体关系如图 5-12 所示。

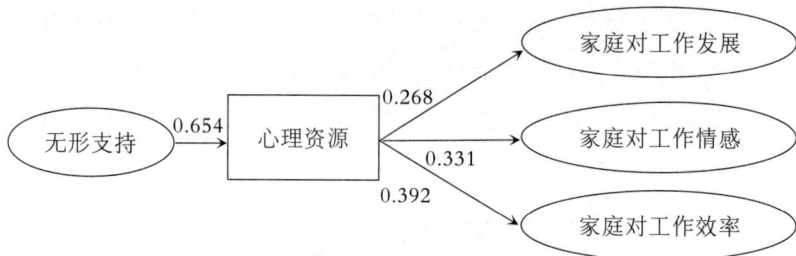

图 5-12 心理资源和积极情感在 POFS 与员工家庭对工作增益
之间联合中介作用具体关系图

与前文探讨心理资源和积极情感在感知的组织家庭支持与员工工作对家庭增益之间的联合中介作用类似，之所以此次探讨心理资源和积极情感在感知的组织家庭支持与员工家庭对工作增益之间的联合中介作用能够得出与单独探讨二者的中介作用时差异较大的结论，其原因本书认为主要是由两个中介变量，即心理资源和积极情感之间的相关性所致。这使得二者在有形支持与家庭对工作发展之间，以及有形支持与家庭对工作效率之间继续没有中介作用，同时也使得无形支持与家庭对工作发展，无形支持与家庭对工作情感以及无形支持与家庭对工作效率之间的关系原本能够通过心理资源和积极情感两个路径产生，现则只通过心理资源路径产生，通过积极情感路径产生的效用被心理资源综合了。

5.7 本章小结

本章在前文有关感知的组织家庭支持量表、心理资源量表、积极情感量表以及工作-家庭增益量表信效度检验以及有关感知的组织家庭支持对员工工作-家庭增益直接影响的基础上，探讨了心理资源变量和积极情感变量在感知的组织家庭支持与员工工作-家庭增益之间的中介作用。具体地，本章分别探讨了心理资源和积极情感在感知的组织家庭支持与员工工作-家庭增益之间的独立中介作用，同时也研究了二者的联合中介作用，结果发现，分别探讨两个中介变量中介作用时所得出的结论与探讨两个中介变量联合中介作用时所得出的结论存在较大差异。这主要表现在：

（1）心理资源和积极情感在感知的组织家庭支持与员工工作对家庭增益之间的中介作用。

一是分别对心理资源和积极情感在感知的组织家庭支持与员工工作对家庭增益之间独立中介作用的探讨。在单独探讨心理资源在感知的组织家庭支持与员工工作对家庭增益之间的中介作用时发现，心理资源在无形支持与工作对家庭发展之间，在无形支持与工作对家庭情感之间以及在无形支持与工作对家庭资本之间均具有部分中介作用；在单独探讨积极情感在感知的组织家庭支持与员工工作对家庭增益之间的中介作用时发现，积极情感在无形支持与工作对家庭发展之间，在无形支持与工作对家庭情感之间以及在无形支持与工作对家庭资本之间均具有部分中介作用。

二是对心理资源和积极情感在感知的组织家庭支持与员工工作对家庭增益之间联合中介作用的探讨。在探讨心理资源和积极情感在感知的组织家庭支持与员工工作对家庭增益之间的联合中介作用时发现，心理资源仅在无形支持与工作对家庭发展之间以及在无形支持与工作对家庭资本之间具有部分中介作用，但在无形支持与工作对家庭情感之间不具有中介作用；而积极情感则仅在无形支持与工作对家庭发展之间以及在无形支持与工作对家庭情感之间具有中介作用，但在无形支持与工作对家庭资本之间则没有中介作用。本书认为之所以此次探讨心理资源和积极情感在感知的组织家庭支持与员工工作对家庭增益之间的联合中介作用能够得出与单独探讨二者的中介作用时差异较大的结论，主要是由两个中介变量，即心理资源和积极情感之间的相关性所致。这使得无形支持与工作对家庭情感之间的关系原本通过心理资源和积极情感两个路径产生，现则只通过积极情感路径产生，通过心理资源路径产生的效用被积极情感综合了；类似地，这也使得无形支持与工作对家庭资本之间的关系原本也可以通过心理资源和积极情感两个路径产生，但现在只通过心理资源路径产生，原本通过积极情感路径产生的效用被心理资源综合了。

（2）心理资源和积极情感在感知的组织家庭支持与员工家庭对工作增益之间的中介作用。

一是分别对心理资源和积极情感在感知的组织家庭支持与家庭对工作增益之间独立中介作用的探讨。在单独探讨心理资源在感知的组织家庭支持与员工家庭对工作增益之间的中介作用时发现，心理资源在有形支持与家庭对工作发展之间以及在有形支持与家庭对工作效率之间均没有中介作用，但在无形支持与家庭对工作发展之间，在无形支持与家庭对工作情感之间以及在无形支持与家庭对工作效率之间均具有部分中介作用；在单独探讨积极情感在感知的组织家庭支持与员工家庭对工作增益之间的中介作用时发现，积极情感在有形支持与家庭对工作发展之间以及在有形支持与家庭对工作效率之间均没有中介作用，但在无形支持与家庭对工作发展之间，在无形支持与家庭对工作情感之间以及在无形支持与家庭对工作效率之间均具有部分中介作用。

二是对心理资源和积极情感在感知的组织家庭支持与家庭对工作增益之间联合中介作用的探讨。一方面，在探讨心理资源和积极情感在感知的组织家庭支持与员工工作-家庭增益之间的联合中介作用时发现，心理资源和积极情感在有形支持与家庭对工作发展之间以及在有形支持与家庭对工作效率之间仍然均没有中介作用。之所以出现这一结果，正如前文探讨感知的组织家庭支持对员工工作-家庭增益直接影响效应时所述，有形支持维度内容与工作-家庭友好相似，这也导致其存在与家庭友好类似的不足，比如员工会担心对此支持的使用影响自己的职业生涯发展，换言之，这一支持维度并不会产生心理资源和积极情感，而本书的实证研究结果也确实支持这一结论，根据第 5 章的实证结果发现，有形支持对心理资源和积极情感均无显著影响。另一方面，对联合中介作用的探讨还发现，心理资源在无形支持与家庭对工作发展之间，在无形支持与家庭对工作情感之间以及在无形支持与家庭对工作效率之间均具有部分中介作用，但积极情感在无形支持与家庭对工作发展之间，在无形支持与家庭对工作情感之间以及在无形支持与家庭对工作效率之间的中介作用消失了。与前文探讨心理资源和积极情感在感知的组织家庭支持与员工工作对家庭增益之间的联合中介作用类似，之所以此次探讨心理资源和积极情感在感知的组织家庭支持与员工家庭对工作增益之间的联合中介作用能够得出与单独探讨二者的中介作用时差异较大的结论，其原因本书认为主要是由两个中介变量，即心理资源和积极情感之间的相关性所致。这使得二者在有形支持与家庭对工作发展之间，以及有形支持与家庭对工作效率之间继续没有中介作用，同时也使得，无形支持与家庭对工作发展，无形支持与家庭对工作情感以及无形支持与家庭对工作效率之间的关系原本能够通过心理资源和积极情感两个路径产生，现则只通过心理资源路径产生，通过积极情感路径产生的效用被心理资源综合了。

本章节对心理资源和积极情感在感知的组织家庭支持与员工工作-家庭增益之间中介作用的讨论，不仅弥补了 Greenhaus 和 Powell 提出工作-家庭增益双路径模型缺乏实证检验的不足，同时也将此理论模型引入到我国情境中来。而且，以往有关工作-家庭增益的研究，缺乏对中介变量的探讨，尤其是对家庭对工作增益方向中介变量的探讨，因而，本章节内容也是对此相关研究的进一步完善。研究不足的同时，也能够为企业制定相应管理策略提供思路和参考。

6 工作-家庭分割偏好对感知的组织家庭支持与员工工作-家庭增益关系的调节作用研究

本章拟在第三章有关感知的组织家庭支持量表、工作-家庭分割偏好量表、工作-家庭增益量表信度和效度检验，以及自变量感知的组织家庭支持对因变量工作-家庭增益的直接影响效应的基础上，对工作-家庭分割偏好在感知的组织家庭支持和工作-家庭增益之间的调节影响效应进行研究。而且，如前文所述，因变量工作-家庭增益包括工作对家庭增益和家庭对工作增益两个增益方向，每个增益方向均有各自的测量量表（Carlson et al.，2006），且 Frone（2003）和李原（2013）等学者提出，某个变量对工作-家庭增益两个增益方向的影响并不总是对等的，因而，本章的内容也将依据工作对家庭增益和家庭对工作增益两个方向来分别探讨工作-家庭分割偏好在感知的组织家庭支持与员工工作对家庭增益之间的调节影响效应和工作-家庭分割偏好在感知的组织家庭支持与员工家庭对工作增益之间的调节影响效应。

6.1　工作-家庭分割偏好对感知的组织家庭支持与员工工作对家庭增益关系的调节作用研究

6.1.1　概念模型与研究假设

处理工作域与家庭域关系是每名员工每天都会面临的问题。无论是工作域还是家庭域，对于不同的人而言，其每个行为域的边界（Boundary）均是不同的，但由于每天都要同时参与工作域活动与家庭域活动，所以，每个个体每天都要面临协商和谈判（Negotiating）工作域边界与家庭域边界问题，而这种在个体心中的边界谈判（Boundary Negotiating）过程会直接影响员工工作-家庭关系的好坏。特别地，在工作域与家庭域之间转换困难与否在很大程度上取决于对于个体而言这两个域的分割或联合程度（Kreiner，2006）。进一步说，根据前文，完全的分割管理策略或融合管理策略很少存在，个体关于工作域与家庭域关系的管理策略均是处于分割与融合管理策略连续统一体中间的某个位置，完全的分割策略或完全的融合策略均是很少见的（Ashforth et al.，2000；Nippert - Eng，1995；Rau & Hyland，2002）。正是基于此，Kreiner（2006）提出了体现员工个人特征的变量，即工作-家庭分割偏好（Work-family Segmentation Preference）。工作-家庭分割偏好是程度变量，所描述的是个体在主观上想分割工作域与家庭域的程度。由于分割管理策略和融合管理策略均是个体积极应对工作角色需求与非工作角色需求关系的策略，仅是个体差异的不同表现（Edwards & Rothbard，2000；Lambert，1990；Nippert-Eng，1995），因而，这就意味着，由于受性别和家庭状况等因素的影响，不同的人有不同程度的工作-家庭分割偏好（Kossek et al.，1999；Ashforth et al.，2000）。而探讨不同的个体特征对员工工作-家庭增益实现的不同影响也是学者们研究的焦点之一（Chen & Powell，2012；於嘉，2014）。

根据前文，工作对家庭增益发生的最基本前提即是工作域与家庭域能够相互交叉，发生相互作用，正如张宁俊等（2015）提出，弱边界强度有助于增强积极因素的渗溢，这是因为，工作域与家庭域边界弱会使工作与家庭角色的融合度更高，更可能在家中与自己的家人谈论工作中的体验及其对一天工作的主观感受，也才更容易将工作中的愉快情绪、积极状态和满足感等积极情绪渗透到家庭生活领域，给家庭生活带来积极的情绪体验，促进增益的实现（Illies et al.，2009）；与此同时，较强的边界会导致工作角色与家庭角色的分离，会限制角色资源跨角色领域的渗溢，从而难以实现增益（Powell & Greenhaus，2010）。根据工作-家庭分割偏好的内涵可知，具有较低水平工作-家庭分割偏好的个体才具有较弱的工作-家庭边界，也才更倾向于把其工作域与家庭域进行融合。而且，前文已经证实了自变量感知的组织家庭支持对员工工作对家庭增益具有显著的直接影响，而本书进一步认为，这种直接影响作用的大小是因个体的不同而不同的，具有越低工作-家庭分割偏好的个体，其直接作用越会明显，反之亦然。

据此，本部分提出如下研究假设：

H1：工作-家庭分割偏好对感知的组织家庭支持与员工工作对家庭增益的关系具有调节作用

此处需要说明的是，由于感知的组织家庭支持包括有形支持和无形支持两个维度，且两个维度的内涵又存在较大差异。而前文有关感知的组织家庭支持对员工工作对家庭增益的直接影响分析表明，感知的组织家庭支持中有形支持维度对员工工作对家庭增益的三个维度，即工作对家庭发展、工作对家庭情感和工作对家庭资本均无显著影响，而无形支持则对这三个维度均有显著影响。而且，之前学者在探讨工作-家庭增益的调节变量时，通常将工作-家庭增益三个维度看作一个整体，这或与三个维度之间存在较大相关性有关，诸如周璐璐和赵曙明（2010）等人的研究。而本书在探讨工作-家庭分割偏好的调节作用时，也拟将工作对家庭增益作为一个整体来研究。故此部分有关工作-家庭分割偏好对感知的组织家庭支持与员工工作对家庭增益关系的调节作用，即可细化为探讨工作-家庭分割偏好对无形支持与员工工作对家庭增益关系的调节作用。因而，工作-家庭分割偏好在感知的组织家庭支持与员工工作对家庭增益之间的调节作用概念模型如图 6-1 所示。

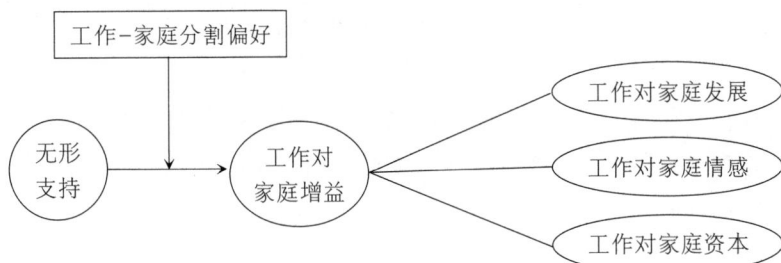

图 6-1　工作－家庭分割偏好在 POFS 与员工 W→FE 关系之间调节作用概念模型

6.1.2　研究方法

如前文所述，本书采用 Jahn 等学者于 2003 年编制的 9 题项感知的组织家庭支持量表，其中 6 个题项用于测量有形支持，3 个题项用于测量无形支持，该量表具有较好的信度，内部一致性信度系数 α 值为 0.948，且采用 Likert 5 点量表，1 代表完全不同意，2 代表较不同意，3 代表中等同意，4 代表很同意，5 代表非常同意；工作－家庭分割偏好的测量采用 Kreiner 于 2006 年开发的工作－家庭分割偏好量表，该量表共计 4 个题项，内部一致性信度系数 α 值为 0.877，且采用 Likert 5 点量表，1 代表完全不同意，2 代表较不同意，3 代表中等同意，4 代表很同意，5 代表非常同意；对工作对家庭增益变量的测量采用 Carlson 等于 2006 年编制的工作－家庭增益量表中的工作对家庭增益子量表，该量表共计 9 个题项，包括工作对家庭发展、工作对家庭情感和工作对家庭资本三个维度，每个维度有 3 个题项，量表的内部一致性信度系数 α 值为 0.965，工作对家庭增益量表的测量也采用 Likert 5 点量表，1 代表完全不同意，2 代表较不同意，3 代表中等同意，4 代表很同意，5 代表非常同意。

由于本章节的核心内容就在于对本书调节变量工作－家庭分割偏好在自变量感知的组织家庭支持与因变量工作对家庭增益关系之间调节作用成立与否的判定，因而此处先对调节作用的判定过程进行界定。调节变量对自变量和因变量关系的影响既可以是对关系方向的影响，同时也可以是对关系强度的影响（陈晓萍等，2008）。调节变量的具体检验过程依据调节变量的类别性质及自变量的变量类别性质不同而采用不同的方法。由于本书的自变量感知的组织家庭支持与调节变量工作-家庭分割偏好均是连续变量，故此时的调节作用检验可分为如下两个基本步骤：首先，做因变量对自变量的回归，自变量回归系数显著；其次，做因变量对自变量、调节变量以及自变量与调节变量乘积项的回归，若乘积项的偏回归系数显著，则调节效应显著（Muller et al.，2005；邱茜，2011）。

综上，本部分将基于全部 787 个有效数据，应用 SPSS 统计软件，对工作-家庭分割偏好在感知的组织家庭支持与员工工作对家庭增益之间的调节作用，即对工作-家庭分割偏好在无形支持与工作对家庭增益之间的调节作用进行检验。

6.1.3　调节作用分析

根据前文对调节作用的检验方法，此部分应用 SPSS 软件，通过层次回归方法对调节变量工作-家庭分割偏好在感知的组织家庭支持与员工工作对家庭增益之间的调节作用进行检验，也即是对工作-家庭分割偏好在无形支持与工作对家庭增益之间的调节作用进行检验。具体分析过程及所得系数如表 6-1 所示。

本部分选定性别、年龄、文化程度以及岗位属性作为控制变量，分析结果显示，性别、年龄和文化程度对员工工作对家庭增益无显著影响，但岗位属性对员工工作对家庭增益影响显著。具体而言，性别对工作对家庭增益的影响不显著，P 值为 0.692，远大于最低可接受水平0.05，而这意味着，不同个体并不会因性别的不同而在工作对家庭增益水平方面存在较大差异，这一结论与之前学者 Powell 和 Eddleston（2011）认为性别是影响员工工作对家庭增益重要因素的结论存在较大差异。本书认为，这或与经济发展水平有关。之前有关性别对个体工作-家庭增益影响问题的探讨大多都是在西方背景下，而西方国家发展水平相对较高，其女性可能有更多做"全职太太"的机会，而这些女性即不涉及工作域与家庭域的干涉问题。但在中国，我国还处于经济发展的转型期，水平相对来说还有待提高，尤其是对于"四二一"结构的80 后、90 后新家庭而言，更是如此。生活的巨大压力让女性员工也越发努力工作，这使得女性员工和男性员工一样都同时面临管理工作域与家庭域关系的问题，进而使得性别这一因素在对员工工作-家庭增益产生影响时模糊化了其作用。年龄对工作对家庭增益的影响不显著，P 值为 0.595，远大于最低可接受显著水平 0.05，而这意味着不同个体并不会因年龄的不同而在工作对家庭增益水平方面存在较大差异。文化程度对工作对家庭增益的影响不显著，其 P 值为 0.557，远大于最低可接受显著水平 0.05，而这意味着不同个体并不会因文化程度的不同而在工作对家庭增益水平方面存在较大差异。岗位属性对工作对家庭增益具有显著影响，标准化回归系数为 −0.072（P 值为 0.049，在 0.05 水平上显著），这意味着岗位属性对工作对家庭增益具有显著的负向影响，即个体能够因岗位属性的不同而产生不同水平的工作对家庭增益，岗位越低，工作对家庭增益水平越高，岗位越高，工作对家庭增益水平越低。

根据调节作用检验的两个步骤，首先看因变量工作对家庭增益对自变量无形支持的回归，表 6−1 中的回归结果显示，自变量回归系数在 0.001 水平上显著，标准化回归系数为 0.608。进一步地，做因变量工作对家庭增益对调节变量工作−家庭分割偏好以及自变量与调节变量乘积项即"无形支持×工作−家庭分割偏好"的回归，其结果如表 6−1 所示。结果显示，调节变量工作−家庭分割偏好对因变量工作对家庭增益具有显著影响，标准化回归系数为 0.295，在 0.001 水平上显著，但是，自变量与调节变量乘积项"无形支持×工作−家庭分割偏好"对因变量工作对家庭增益影响不显著，P 值为 0.058，大于最低显著性水平 0.05。根据调节作用的判定标准，调节作用不成立。因而，工作−家庭分割偏好在无形支持与工作对家庭增益之间并不具有调节作用，假设 H1：工作−家庭分割偏好对感知的组织家庭支持与员工工作对家庭增益的关系具有调节作用被拒绝。之所以出现这样的结果，本书认为或许与我国的现实条件以及文化特性有关。生活的巨大压力、竞争的不断加剧使得职场中出现越来越多的女性员工，这就导致女性和男性一样，同时面临工作职责和家庭责任。而且，更为重要的是，受传统文化的影响，我国企业员工更为注重"家庭"，对比工作，每一名员工都更倾向家庭，不论其个性特征如何。而恰巧的是，工作-家庭分割偏好恰是形容个体特性的概念，这就使得这一特性特征在注重"家文化"的中国员工实现工作对家庭增益的过程中体现得不是十分明显，进而模糊了其在感知的组织家庭支持与员工工作对家庭增益关系之间的调节作用。

表 6-1　　工作-家庭分割偏好在 POFS 与员工 W→FE
关系之间调节作用系数表

工作对家庭增益	标准化回归系数	标准误	T 值	P 值
1.控制变量				
性别	0.014	0.085	0.396	0.692
年龄	−0.036	0.056	−0.532	0.595
文化程度	0.022	0.030	0.587	0.557
岗位属性	−0.072[*]	0.022	−1.974	0.049
2.预测变量				
无形支持	0.608[***]	0.027	22.096	0.000
3.调节变量				
工作-家庭分割偏好	0.295[***]	0.058	4.931	0.000
4.调节效应				
无形支持×工作-家庭分割偏好	−0.111	0.019	−1.896	0.058

［注］：[*]表示 P<0.05；[***]表示 P<0.001。

6.2　工作-家庭分割偏好对感知的组织家庭支持与员工家庭对工作增益关系的调节作用研究

6.2.1　概念模型与研究假设

如前文所述，无论是分割策略还是融合策略，抑或是处于分割与融合中间的某个管理策略，其所描述的均是个体主观上对管理其工作域与家庭域边界的观念或想法（李原，2013；Ashforth et al.，2000；Rau & Hyland，2002），而工作-家庭分割偏好更将此观念进行细化。工作-家庭分割偏好所描述的是个体对采用分割策略来管理其工作域与家庭域关系的偏好程度，因而，具有较高水平工作-家庭分割偏好的个体更倾向于将工作与家庭分开来看，这就意味着他们在工作域与家庭域之间建起了一道"心理围墙"，他们希望二者互不干涉；而具有较低水平工作-家庭分割偏好的个体意味着，他们更倾向于选择"融合"策略来管理其工作域与家庭域。而无论是工作对家庭增益还是家庭对工作增益，其基本的前提即是个体能够使工作域与家庭域产生相互联系，能够让二者相互作用，这就意味着，具有较低水平工作-家庭分割偏好的个体具有相对更弱的边界，从而也更有可能实现家庭对工作增益。而前文第 4 章有关感知的组织家庭支持对员工工作-家庭增益的直接研究表明，感知的组织家庭支持对员工家庭对工作增益具有显著的直接影响，因而，本书认为，这种关系要受到个体工作-家庭分割偏好的影响，工作-家庭分割偏好水平越高，这种关系表现得越弱，反之，工作-家庭分割偏好水平低，这种关系表现得就越强。因此，本书提出如下研究假设：

H2：工作-家庭分割偏好对感知的组织家庭支持与员工家庭对工作增益的关系具有调节作用

与探讨工作-家庭分割偏好在感知的组织家庭支持与员工工作对家庭增益关系之间的调节作用类似，此处也将感知的组织家庭支持分为有形支持和无形支持两个维度分别探讨，与此同时，与周璐璐和赵曙明（2010）等学者探讨工作-家庭增益调节作用时保持一致，将其看作整体。因而，工作-家庭分割偏好在感知的组织家庭支持与员工家庭对工作增益之间的调节作用概念模型如图 6-2 所示。

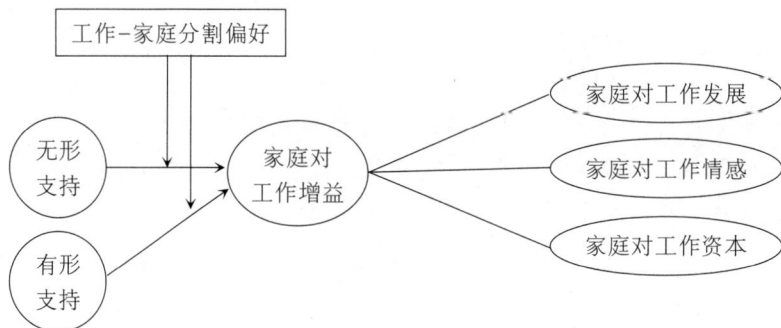

图 6-2　工作-家庭分割偏好在 POFS 与员工 F→WE 关系之间调节作用概念模型

6.2.2 研究方法

如前文所述，本书采用 Jahn 等学者于 2003 年编制的 9 题项感知的组织家庭支持量表，其中 6 个题项用于测量有形支持，3 个题项用于测量无形支持，该量表具有较好的信度，内部一致性信度系数 α 值为 0.948，且采用 Likert 5 点量表，1 代表完全不同意，2 代表较不同意，3 代表中等同意，4 代表很同意，5 代表非常同意；工作-家庭分割偏好的测量采用 Kreiner 于 2006 年开发的工作-家庭分割偏好量表，该量表共计 4 个题项，内部一致性信度系数 α 值为 0.877，且采用 Likert 5 点量表，1 代表完全不同意，2 代表较不同意，3 代表中等同意，4 代表很同意，5 代表非常同意；对家庭对工作增益变量的测量采用 Carlson 等于 2006 年编制的工作-家庭增益量表中的家庭对工作增益子量表，该量表共计 9 个题项，包括家庭对工作发展、家庭对工作情感和家庭对工作效率三个维度，每个维度有 3 个题项，量表的内部一致性信度系数 α 值为 0.966，家庭对工作增益量表的测量也采用 Likert 5 点量表，1 代表完全不同意，2 代表较不同意，3 代表中等同意，4 代表很同意，5 代表非常同意。

综上，本部分将基于全部 787 个有效数据，应用 SPSS 统计软件，对工作-家庭分割偏好在感知的组织家庭支持与员工家庭对工作增益之间的调节作用，即对工作-家庭分割偏好在无形支持与家庭对工作增益之间的调节作用进行检验。

6.2.3 调节作用分析

根据前文对调节作用的检验方法，此部分应用 SPSS 软件，通过层次回归方法对调节变量工作-家庭分割偏好在感知的组织家庭支持与员工家庭对工作增益之间的调节作用进行检验，也即是对工作-家庭分割偏好在有形支持与家庭对工作增益之间以及在无形支持与工作对家庭增益之间的调节作用进行检验。具体分析过程及所得系数如表 6-2 所示。

本部分选定性别、年龄、文化程度以及岗位属性作为控制变量，其分析结果与探讨这些控制变量对员工工作对家庭增益影响时的结果类

表 6-2　　　　工作-家庭分割偏好在 POFS 与员工 F→WE
关系之间调节作用系数表

家庭对工作增益	标准化回归系数	标准误	T值	P值
1.控制变量				
性别	0.048	0.084	1.313	0.190
年龄	0.023	0.055	0.344	0.731
文化程度	0.019	0.030	0.499	0.618
岗位属性	−0.075*	0.021	−2.042	0.042
2.预测变量				
有形支持	−0.098*	0.040	−2.341	0.019
无形支持	0.471***	0.042	11.057	0.000
3.调节变量				
工作-家庭分割偏好	−0.355***	0.060	−5.719	0.000
4.调节效应				
有形支持×工作-家庭分割偏好	0.366***	0.034	3.828	0.000
无形支持×工作-家庭分割偏好	−0.494***	0.033	−4.874	0.000

[注]：*表示 P<0.05；***表示 P<0.001。

似。根据表 6-2 显示，性别、年龄和文化程度对员工家庭对工作增益
无显著影响，但岗位属性对员工家庭对工作增益影响显著。具体而言，
性别对家庭对工作增益的影响不显著，P 值为 0.190，大于最低可接受
水平 0.05，而这意味着，不同个体并不会因性别的不同而在家庭对工作
增益水平方面存在较大差异；年龄对家庭对工作增益的影响不显著，P
值为 0.731，远大于最低可接受显著水平 0.05，而这意味着不同个体并
不会因年龄的不同而在家庭对工作增益水平方面存在较大差异；文化程
度对家庭对工作增益的影响不显著，其 P 值为 0.618，远大于最低可接
受显著水平 0.05，而这意味着不同个体并不会因文化程度的不同而在家
庭对工作增益水平方面存在较大差异；岗位属性对家庭对工作增益具有
显著影响，标准化回归系数为−0.075（P 值为 0.042，在 0.05 水平上显
著），这意味着岗位属性对家庭对工作增益具有显著的负向影响，即个
体能够因岗位属性的不同而产生不同水平的家庭对工作增益，岗位越
低，家庭对工作增益水平越高，反之，岗位越高，家庭对工作增益水平
越低。

这意味着，不同个体并不会因性别的不同、年龄的不同抑或文化程度的不同而在工作对家庭增益水平方面存在较大差异，但是，个体能够因岗位属性的不同而产生不同水平的家庭对工作增益。

（1）工作–家庭分割偏好在有形支持与员工家庭对增益关系间的调节作用检验。根据调节作用检验的两个步骤，首先看因变量家庭对工作增益对自变量有形支持的回归，表 6-2 回归结果显示，自变量有形支持回归系数在 0.05 水平上显著，标准化回归系数为 0.098。进一步说，做因变量家庭对工作增益对调节变量工作–家庭分割偏好以及自变量与调节变量乘积项即"有形支持×工作–家庭分割偏好"的回归，其结果如表 6-2 所示。结果显示，调节变量工作–家庭分割偏好对因变量家庭对工作增益具有显著影响，标准化回归系数为 -0.355，在 0.001 水平上显著。与此同时，自变量与调节变量乘积项"有形支持×工作–家庭分割偏好"对因变量家庭对工作增益影响也显著，标准化回归系数为 0.366，在 0.001 水平上显著。根据调节作用的判定标准，调节作用成立。因而，工作–家庭分割偏好在有形支持与家庭对工作增益之间具有调节作用。

（2）工作–家庭分割偏好在无形支持与员工家庭对增益关系间的调节作用检验。根据调节作用检验的两个步骤，首先看因变量家庭对工作增益对自变量无形支持的回归，表 6-2 回归结果显示，自变量无形支持回归系数在 0.001 水平上显著，标准化回归系数为 0.471。进一步地，做因变量家庭对工作增益对调节变量工作–家庭分割偏好以及自变量与调节变量乘积项即"无形支持×工作–家庭分割偏好"的回归，其结果如表 6-2 所示。结果显示，调节变量工作–家庭分割偏好对因变量家庭对工作增益具有显著影响，标准化回归系数为 -0.355，在 0.001 水平上显著。与此同时，自变量与调节变量乘积项"无形支持×工作–家庭分割偏好"对因变量家庭对工作增益影响也显著，标准化回归系数为 -0.494，在 0.001 水平上显著。根据调节作用的判定标准，调节作用成立。因而，工作–家庭分割偏好在无形支持与家庭对工作增益之间具有调节作用。

综上，假设 H2：工作–家庭分割偏好对感知的组织家庭支持与员工家庭对工作增益的关系具有调节作用得到验证。

6.3 本章小结

本章在前文有关自变量感知的组织家庭支持量表、因变量工作-家庭增益量表以及调节变量工作-家庭分割偏好量表信效度检验的基础上，对工作-家庭分割偏好在感知的组织家庭支持与工作-家庭增益之间的调节作用进行检验。由于感知的组织家庭支持分为有形支持和无形支持两个维度，且两个维度的内容存在较大差异，而前文有关两个维度分别对员工工作-家庭增益的影响也存在较大差异，故本部分也将感知的组织家庭支持分为有形支持和无形支持两部分，分别探讨调节变量工作-家庭分割偏好在无形支持与员工工作对家庭增益之间、有形支持与员工家庭对工作增益之间，以及无形支持与员工家庭对工作增益之间的调节作用。结果显示，工作-家庭分割偏好在无形支持与员工工作对家庭增益之间没有调节作用，但在有形支持与员工家庭对工作增益之间，以及在无形支持与员工家庭对工作增益之间均有调节作用。

本章有关工作-家庭分割偏好调节作用的探讨，一方面弥补了过去研究鲜有对 Greenhaus 和 Powell 提出双路径理论模型数据验证的不足，并将其用于中国企业所处情境下；另一方面，也弥补了过去研究对工作-家庭增益，尤其是家庭对工作增益方向上调节变量研究的不足。

7 研究结论与管理启示

　　本书立足于积极工作-家庭关系的视角,选定工作-家庭增益这一被学术界广泛认可和接受的构念来衡量积极的工作-家庭关系,将其作为本研究的因变量;与此同时选定能够衡量员工对组织所提供正式的和非正式的家庭支持的主观感受,感知的组织家庭支持构念作为自变量;以工作-家庭增益双路径模型(工具性路径和情感性路径)为理论基础,进而分别选定工具性路径中的核心变量——心理资源和情感性路径中的核心变量——积极情感作为中介变量;以能够衡量员工工作-家庭边界管理策略的工作-家庭分割偏好作为调节变量,以探讨各变量之间的实证关系。更为具体地,本书以所搜集到的787个有效问卷为样本,首先应用AMOS软件对本书所涉及的几个关键变量,感知的组织家庭支持、工作-家庭增益、积极情感、心理资源和工作-家庭分割偏好的量表进行了信效度检验,并在此基础上应用AMOS软件对自变量感知的组织家庭支持的两个维度——有形支持和无形支持——分别对因变量工作-家庭增益两个方向的增益内容——工作对家庭增益和家庭对工作增益

——的直接影响进行了探讨，进而应用 AMOS 软件对心理资源和积极情感两个中介变量在感知的组织家庭支持与员工工作-家庭增益之间的具体中介影响效应进行了分析，并在最后应用 SPSS 软件探讨了工作-家庭分割在感知的组织家庭支持与员工工作-家庭增益关系间的调节作用。

7.1 研究结果与讨论

7.1.1 直接影响效应研究结果与讨论

如前文所述，由于感知的组织家庭支持包括有形支持和无形支持两个维度，且两个维度的内涵存在较大差异，而工作-家庭增益包括工作对家庭增益和家庭对工作增益两个方向的内容，每一个增益方向均包括三个不同的维度，因而，此部分在探讨感知的组织家庭支持对员工工作-家庭增益的直接影响效应时也分工作对家庭增益和家庭对工作增益两个方向进行，即探讨了有形支持维度、无形支持维度分别对工作对家庭发展、工作对家庭情感以及工作对家庭资本的具体影响效应；同时也探讨了有形支持维度、无形支持维度分别对家庭对工作发展、家庭对工作情感和家庭对工作效率的具体影响效应。实证研究结果显示：

（1）在工作对家庭增益方向上。一方面，有形支持对工作对家庭增益的三个维度均无显著影响。本书认为之所以会出现这一结果，原因如下：有形支持是指对提供实际帮助和支持的项目的感知及相应信息资源的感知，在某种意义上有些类似于工作-家庭友好政策。而Kofodings（1995）、Shellenbarger（1992）以及 Lobel & Kossek（1996）等学者已证实由于工作-家庭友好存在一些缺陷和不足，使其并不能够真正促进员工积极的工作域与家庭域关系的形成，因而，本书中感知的组织家庭支持中有形支持或许也具有组织内部工作-家庭友好政策所具有的不足，从而导致其对员工工作对家庭增益的影响不显著。另一方面，无形支持则对工作对家庭增益的三个维度均有显著的正向影响，其中，无形支持对工作对家庭资本维度的影响最大，对工作对家庭发展维度的影响居中，而对工作对家庭情感维度的影响最小。这意味着，感知的组织家庭支持中的无形支持维度依次通过促进员工产生安全感、自信心和成就感等心理资源、积极情感或积极态度以及技能和知识的提高这些能够让员工成为更好家庭成员的因素来帮助员工实现工作对家庭的增益。

（2）在家庭对工作增益方向上。在探讨感知的组织家庭支持与员工家庭对工作增益的直接影响效应时，得出了与探讨感知的组织家庭支持对员工工作对家庭增益直接影响效应不同的研究结论，这主要表现在：首先，有形支持对家庭对工作发展和家庭对工作效率均具有显著的负向影响。之所以出现这一结论，本书认为是由于有形支持可能具有工作–家庭友好的不完善特征（Kofodings，1995；Shellenbarger，1992；Lobel & Kossek，1996）而致。类似地，对于上述有关有形支持对员工家庭对工作增益中家庭对工作情感也没有显著影响的研究结论，其原因或也与有形支持或有工作–家庭友好的不完善特性有关，导致其并未真正地促进员工积极工作–家庭关系的形成。而有形支持与家庭对工作增益关系中，家庭对工作发展和家庭对工作效率具有显著的负向影响，本书认为其原因可能在于，正如前文所述，感知的组织家庭支持在某种程度上类似工作–家庭友好，而这类支持会让员工产生心理负担，一方面，他们担心若使用此类政策，会让其他员工认为他们以家庭为主，缺乏对工作的积极性；另一方面，他们也担心若不使用此类政策，会让组织认为他们不积极响应政策。而在这种矛盾的心理压力之下，员工会无所适从，进而对这种有形的支持政策产生反感。此时，根据社会交换理论，员工会通过降低对工作的投入来回报组织，并最终导致家庭对工作增益水平的降低。其次，无形支持对家庭对工作发展、家庭对工作情感和家庭对工作效率三个维度均具有显著的正向影响。其中，无形支持对家庭对工作发展的影响最大，对家庭对工作效率的影响居中，而对家庭对工作情感的影响相对较小。这意味着，感知的组织家庭支持中的无形支持维度依次通过促进员工和知识的提高、增加个体专注和紧迫感等心理资源、积极情感或积极

态度这些能够让员工成为更好员工的因素来帮助员工实现家庭对工作
的增益。

综上，感知的组织家庭支持对员工工作-家庭增益的影响模型如下
图 7-1 所示。

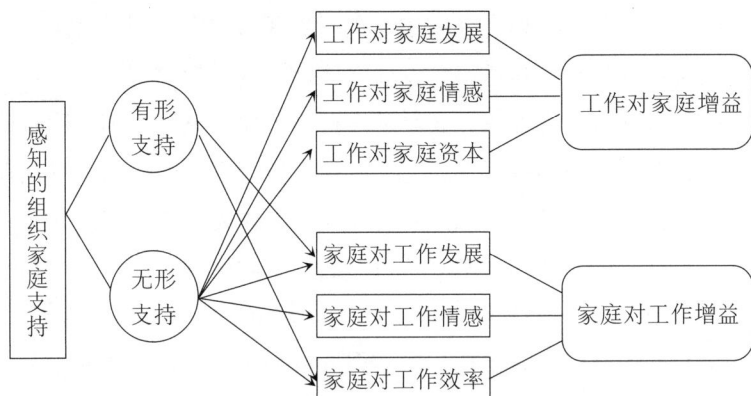

图 7-1　感知的组织家庭支持对员工工作-家庭增益直接影响效应图

7.1.2　中介影响效应研究结果与讨论

本研究既分别探讨了心理资源和积极情感在感知的组织家庭支持与
员工工作-家庭增益之间的独立中介作用，同时也研究了二者的联合中
介作用，结果发现，分别探讨两个中介变量中介作用时所得出的结论与
探讨两个中介变量联合中介作用时所得出的结论存在较大差异。这主要
表现在：

（1）心理资源和积极情感在感知的组织家庭支持与员工工作对
家庭增益之间的中介作用。一是分别对心理资源和积极情感在感知
的组织家庭支持与员工工作对家庭增益之间独立中介作用的探讨。
在单独探讨心理资源在感知的组织家庭支持与员工工作对家庭增益
之间的中介作用时发现，心理资源在无形支持与工作对家庭发展之
间，在无形支持与工作对家庭情感之间以及在无形支持与工作对家
庭资本之间均具有部分中介作用；在单独探讨积极情感在感知的组
织家庭支持与员工工作对家庭增益之间的中介作用时发现，积极情
感在无形支持与工作对家庭发展之间，在无形支持与工作对家庭情

感之间以及在无形支持与工作对家庭资本之间均具有部分中介作用。

二是对心理资源和积极情感在感知的组织家庭支持与员工工作对家庭增益之间联合中介作用的探讨。在探讨心理资源和积极情感在感知的组织家庭支持与员工工作对家庭增益之间的联合中介作用时发现，心理资源仅在无形支持与工作对家庭发展之间以及在无形支持与工作对家庭资本之间具有部分中介作用，在无形支持与工作对家庭情感之间不具有中介作用；而积极情感则仅在无形支持与工作对家庭发展之间以及在无形支持与工作对家庭情感之间具有中介作用，在无形支持与工作对家庭资本之间则没有中介作用。本书认为，之所以此次探讨心理资源和积极情感的联合中介作用能够得出与单独探讨二者的中介作用时差异较大的结论，主要是由两个中介变量，即心理资源和积极情感之间的相关性所致。这使得，无形支持与工作对家庭情感之间的关系原本通过心理资源和积极情感两个路径产生，现则只通过积极情感路径产生，通过资源路径产生的效用被积极情感综合了；类似地，无形支持与工作对家庭资本之间的关系原本也可以通过心理资源和积极情感两个路径产生，但现在只通过心理资源路径产生，原本通过积极情感路径产生的效用被心理资源综合了。

（2）心理资源和积极情感在感知的组织家庭支持与员工家庭对工作增益之间的中介作用。一是分别对心理资源和积极情感在感知的组织家庭支持与家庭对工作增益之间独立中介作用的探讨。在单独探讨心理资源在感知的组织家庭支持与员工家庭对工作增益之间的中介作用时发现，心理资源在有形支持与家庭对工作发展之间以及在有形支持与家庭对工作效率之间均没有中介作用，但在无形支持与家庭对工作发展之间，在无形支持与家庭对工作情感之间以及在无形支持与家庭对工作效率之间均具有部分中介作用；在单独探讨积极情感在感知的组织家庭支持与员工家庭对工作增益之间的中介作用时发现，积极情感在有形支持与家庭对工作发展之间以及在有形支持与家庭对工作效率之间均没有中介作用，但在无形支持与家庭对工作发展之间，在无形支持与家庭对工作情感之间以及在无形支持与家庭对工作效率之间均具有部分中介作用。

二是对心理资源和积极情感在感知的组织家庭支持与家庭对工作增益之间联合中介作用的探讨。一方面，在探讨心理资源和积极情感在感知的组织家庭支持与员工工作-家庭增益之间的联合中介作用时发现，心理资源和积极情感在有形支持与家庭对工作发展之间以及在有形支持与家庭对工作效率之间仍然均没有中介作用。之所以出现这一结果，正如前文探讨感知的组织家庭支持对员工工作-家庭增益直接影响效应时所述，有形支持维度内容与工作-家庭友好相似，这也导致其存在与家庭友好类似的不足，比如员工会担心对此支持的使用影响自己的职业生涯发展，换言之，这一支持维度并不会产生心理资源和积极情感，而本书的实证研究结果也确实支持这一结论。根据第5章的实证结果发现，有形支持对心理资源和积极情感均无显著影响。另一方面，对联合中介作用的探讨仍然发现，心理资源在无形支持与家庭对工作发展之间，在无形支持与家庭对工作情感之间以及在无形支持与家庭对工作效率之间均具有部分中介作用，但积极情感在无形支持与家庭对工作发展之间，在无形支持与家庭对工作情感之间以及在无形支持与家庭对工作效率之间的中介作用消失了。与前文探讨心理资源和积极情感在感知的组织家庭支持与员工工作对家庭增益之间的联合中介作用类似，之所以此次探讨心理资源和积极情感的联合中介作用能够得出与单独探讨二者的中介作用时差异较大的结论，本书认为主要是由两个中介变量，即心理资源和积极情感之间的相关性所致。这使得二者在有形支持与家庭对工作发展之间，以及有形支持与家庭对工作效率之间继续没有中介作用，同时也使得，无形支持与家庭对工作发展，无形支持与家庭对工作情感以及无形支持与家庭对工作效率之间的关系原本能够通过心理资源和积极情感两个路径产生，现则只通过心理资源路径产生，通过积极情感路径产生的效用被心理资源综合了。

综上，心理资源和积极情感在感知的组织家庭支持与员工工作-家庭增益之间的中介作用模型如图7-2所示。

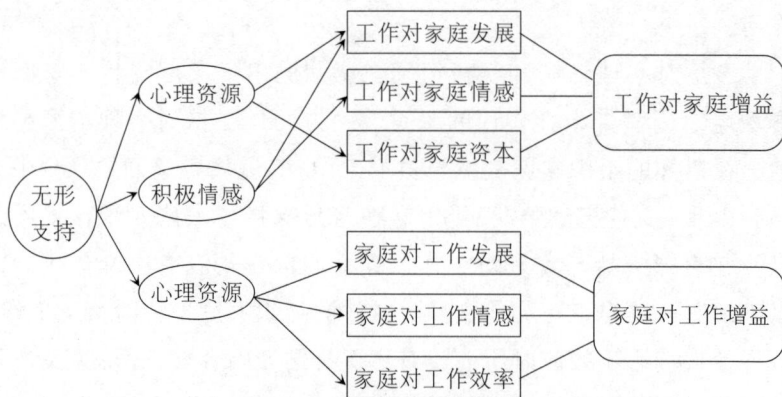

图 7-2　心理资源和积极情感在感知的组织家庭支持与
工作-家庭增益之间中介作用模型图

7.1.3　调节影响效应研究结果与讨论

本研究分别探讨了工作-家庭分割偏好在感知的组织家庭支持两个维度，有形支持和无形支持，与工作-家庭增益两个增益方向，工作对家庭增益和家庭对工作增益之间关系的调节作用进行了探讨。

（1）工作-家庭分割在无形支持与工作对家庭增益之间的调节作用。实证研究结果显示工作-家庭分割偏好在无形支持与工作对家庭增益之间并不具有调节作用。之所以出现这样的结论，本书认为或许与我国的现实条件以及文化特性有关。生活的巨大压力、竞争的不断加剧使得职场中出现越来越多的女性员工，这就导致女性和男性一样，同时面临工作职责和家庭责任。而且，更为重要的是，受传统文化的影响，我国企业员工更为注重"家庭"，对比工作，每一名员工都更倾向家庭，不论其个性特征如何。而恰巧的是，工作-家庭分割偏好恰是形容个体特性的概念，这就使得这一特性特征在注重"家文化"的中国员工实现工作对家庭增益过程中体现得不是十分明显，进而模糊了其在感知的组织家庭支持与员工工作对家庭增益关系之间的调节作用。

（2）工作-家庭分割偏好在有形支持和无形支持与员工家庭对增益关系间的调节作用。结果显示，工作-家庭分割偏好在有形支持与员工

家庭对工作增益之间以及在无形支持与员工家庭对工作增益之间均具有
调节作用。因而，工作－家庭分割偏好在感知的组织家庭支持与工作－
家庭增益之间的调节作用模型如图 7-3 所示。

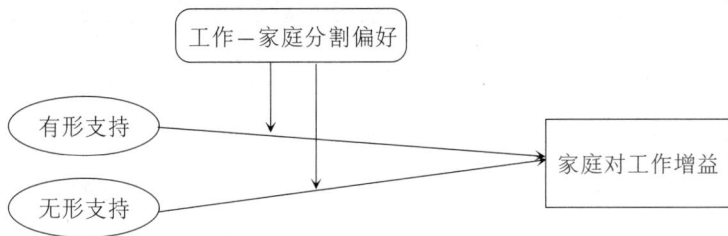

**图 7-3　工作－家庭分割偏好在感知的组织家庭支持与工作－家庭
增益之间调节作用模型图**

7.2　主要研究结论

本书依据所搜集到的 787 份有效问卷，应用 AMOS 软件和 SPSS 软
件对本书所涉及的几个核心变量的关系进行了实证研究，进而对本书提
出的假设进行了检验。根据本书第四章有关感知的组织家庭支持对员工
工作－家庭增益直接影响效应的研究，第五章有关心理资源和积极情感
在感知的组织家庭支持与员工工作－家庭增益之间中介影响效应的研
究，以及第 6 章工作－家庭分割偏好在感知的组织家庭支持与员工工
作－家庭增益之间的调节作用研究，本书全部研究假设的检验情况如表
7-1 所示。

综上，本书的研究的结论主要包括：

一是感知的组织家庭支持对员工工作－家庭增益两个增益方向的影
响存在差异。这主要表现在，无形支持维度对工作对家庭增益和家庭对
工作增益方向均有显著的直接影响效应，但有形支持维度仅对家庭对工
作增益方向有显著影响，对工作对家庭增益方向并无显著影响。

二是心理资源和积极情感在感知的组织家庭支持与员工工作－家庭
增益关系间的中介作用根据工作－家庭增益两个增益方向的不同而表现
出不同特性。在无形支持与工作对家庭增益之间，心理资源和积极情

表 7-1   本书研究假设检验情况表

序号	假设内容	检验情况
1	感知的组织家庭支持对员工工作对家庭增益具有显著的正向影响作用	部分验证
2	感知的组织家庭支持对员工家庭对工作增益具有显著的正向影响作用	部分验证
3	心理资源在感知的组织家庭支持与员工工作对家庭增益之间具有中介作用	部分验证
4	积极情感在感知的组织家庭支持与员工工作对家庭增益之间具有中介作用	部分验证
5	心理资源在感知的组织家庭支持与员工家庭对工作增益之间具有中介作用	部分验证
6	积极情感在感知的组织家庭支持与员工家庭对工作增益之间具有中介作用	拒绝
7	工作-家庭分割偏好对感知的组织家庭支持与员工工作对家庭增益的关系具有调节作用	拒绝
8	工作-家庭分割偏好对感知的组织家庭支持与员工家庭对工作增益的关系具有调节作用	验证

感均具有中介作用；在无形支持与家庭对工作增益之间，仅心理资源具有中介作用，而积极情感则没有中介作用；在有形支持与家庭对工作增益之间，心理资源和积极情感均无中介作用。

三是工作-家庭分割偏好在仅在感知的组织家庭支持与家庭对工作增益之间具有调节作用，但在感知的组织家庭支持与工作对家庭增益之间没有调节作用。

因而，本书得出如图 7-4 所示的有关感知的组织家庭支持、心理资源、积极情感和工作-家庭增益之间的综合模型图。

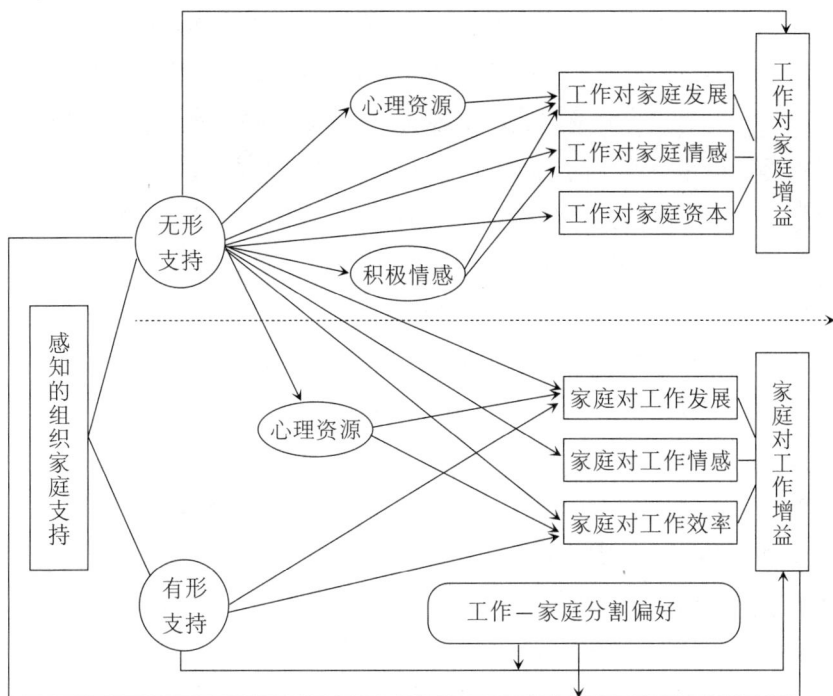

图 7-4　本研究综合模型图

7.3　管理启示

7.3.1　积极促进组织内部家庭支持型工作氛围的形成

　　根据本书研究结果可知，感知的组织家庭支持中的有形支持维度对员工工作对家庭增益无显著影响，而对员工家庭对工作增益具有负向影响；无形支持维度无论对工作对家庭增益还是家庭对工作增益均有显著影响，尤其是对工作-家庭增益更是有显著的正向影响。而感知的组织家庭支持属于组织内部家庭支持型工作氛围的重要内容之一，因此，为了促进员工实现更高水平的工作-家庭增益，企业应将其焦点从家庭友好支持政策等有形支持内容转为积极促进组织内部家庭支持型工作氛围的形成。根据 Allen（2001）等人的研究，家庭支持型工作氛围在帮助员工应对其工作职责和家庭责任过程中至关重要，而这可通过如下几种具体的行为来实现，如为员工的直接主管提供能够让其对员工的家庭责任展现同情心，为员工家庭承诺的实现提供支持以及制定包括弹性工作时间等在内的指导和培训，这是因为无论是正式的工作-家庭支持政策的实施，还是非正式的工作-家庭氛围的构建，能够直接与员工接触的直接主管都起着至关重要的作用。虽然本研究显示，家庭友好这类正式的家庭支持政策，即感知的组织家庭支持中的有形支持对员工工作-家庭增益没有显著影响或有显著的负向影响，但若直接主管通过适当的方式和途径将其转化，能使之变成无形支持，进而发挥其促进员工工作-家庭增益实现的积极效应。Shinn（1989）等学者建议，直接主管可通过在员工之间调整正常工作时间、加班时间以及假期时间来满足不同员工的不同家庭需求，同时也应对已为人父母的员工表示理解，抽出时间来倾听员工在家庭方面遇到的问题，并与他们分享应如何处理这些家庭矛盾以及如何才能够更为合理地平衡工作职责和家庭责任。当然，在企业中形成一种员工之间能够彼此分享的文化更好，员工之间能够彼此支持、相互帮忙解决各自家庭中遇到的困难和问题，而相关研究也表明，这种来自同事的社会支持在平衡员工工作职责和家庭责任之间起到了至关重要的作用。

7.3.2 探寻更多能够促进心理资源产生或积极情感形成的组织因素

本书以 Greenhaus 和 Powell 的工作-家庭增益双路径模型为理论基础，选定工具性路径中的心理资源和情感性路径中的积极情感作为本书的中介变量，结果发现了心理资源和积极情感在感知的组织家庭支持和员工工作-家庭增益关系之间的中介作用，这就意味着，心理资源和积极情感的产生能够促进工作-家庭增益的实现。因此，组织应立足于积极心理学视角，探寻更多能够促进员工心理资源产生或积极情感形成的组织因素，并最终促进员工工作-家庭增益的实现。具体措施可包括如下几种：一是改变直接主管的管理方式，向着友好、鼓励型的方式转变。辱虐式、家长式等领导方式所带来的消极结果已经在学术界达成共识，因而，直接主管应转变这种方式，增加与员工的交流和沟通，能够对员工的个人需求给予关心，这会让员工感觉被尊重和被重视，进而能够增加其对自我价值的肯定等心理资源。二是在企业内部建立共享型企业文化，让每一名员工以组织为纽带，彼此形成相互关心、帮助和照顾的氛围，当有员工在工作方面甚至非工作方面存在问题时，其他同事都能够竭尽全力地帮助。来自同事的支持和帮忙能够让员工感觉到被关心、被重视，进而也能够产生更多的积极情感。三是及时对员工所做出的贡献进行奖励，比如当一项重大难题被攻关或取得重大突破时，要立即对员工进行奖励，并不一定要等到月末等固定发放奖金的时间，而且，还可以邀请员工的家人或朋友一起来分享这份奖励。这种奖励可以是直接的物质奖励，也可以是表彰大会上的精神文明奖励。而这些奖励的发放会增加员工自尊心、自信心等心理资源。四是在企业内部设置固定的员工家属接待日，邀请员工的家人和朋友定期来企业参观，这就能够增加员工对企业的归属感，而家人通过参观和感受也更能够了解员工的工作环境，进而对其工作产生更多的理解和包容，而这无疑会在家庭内部形成积极情感，并最终促进家庭对工作增益的实现。

7.3.3 依据个体特性兼顾分割与融合管理策略

如前文所述，无论组织还是个体，均因对员工工作域与家庭域边界管理策略的不同而不同。然而，近年来，随着通讯技术与互联网技术的迅猛发展，远程办公等日益成为可能，甚至是工作的常态，因而，员工工作域与家庭域或多或少都会存在交叉，而且交叉的程度也逐渐提高，这就要求组织对员工工作域与家庭域边界的管理策略应更倾向于融合。更为重要的是，工作域与家庭域的相互交叉是实现积极工作-家庭关系，即工作-家庭增益的基本前提。进一步地，本书选定了能够描述员工个性特征的工作-家庭分割偏好变量作为调节变量，进而探讨了其在感知的组织家庭支持与员工工作-家庭增益之间的调节作用，并发现，工作-家庭分割偏好仅在感知的组织家庭支持与员工家庭对工作增益之间具有调节作用，在感知的组织家庭支持与员工工作对家庭增益之间并不具有调节作用。这就意味着，针对具有不同水平工作-家庭分割偏好的个体，组织应采取不同程度分割与融合策略的组合，而这一程度的选择旨在使组织的有关边界管理措施与个体希望采用的边界管理措施一致。换言之，针对具有较高水平工作-家庭分割偏好的个体，由于这些员工不喜欢把工作与家庭混为一谈，更为倾向相对独立的管理措施，因而，组织应针对这类员工更多地采用分割管理策略；对于具有相对较低水平的工作-家庭分割偏好的个体，这些员工更愿意同时处理工作职责和家庭责任，并希望彼此能够促进，因而，组织应为其提供相对融合的管理策略。综上，组织应针对每个员工个体特征的不同采用不同的工作域与家庭域边界管理措施，这样才能更好地促进员工家庭对工作增益的实现，进而促进组织的长远发展。

7.4　研究不足与未来展望

7.4.1　研究不足

本研究存在的不足主要表现在如下两个方面：

首先，是研究方法的不足。本书主要采用了问卷调查的方法，应用AMOS 软件和 SPSS 软件对变量之间的实证关系进行了统计分析，而且，这些分析是在同一时点进行的横向研究。尽管横向研究这种方法经常被使用（Spell & Arnold，2007），尤其是在工作-家庭研究领域中，但在这类研究中，由同一个人来填写问卷上诸多不同的问项，这使其具有员工和组织多样性的优点，但与此同时也面临着同源偏差的问题。这也是 Kossek 和 Ozeki（1998）对之前有关工作-家庭相关研究批判的问题所在，同时也是本研究存在的主要不足之一。

其次，是样本范围的不足。本书所选取的数据样本尽管包括制造、地产以及金融等多个行业，且包括国企、民企以及外企等多种企业性质，但本书问卷的发放主要在上海、大连以及沈阳等相对较为发达的地区进行，由这些数据得出的有关感知的组织家庭支持对员工工作-家庭增益影响的结论能否在全国企业范围推广还有待进一步的探讨。

7.4.2 未来研究展望

基于感知的组织家庭支持对员工工作-家庭增益影响过程的分析，本书认为未来研究可从如下几个方面进行：

一是在工作-家庭增益中加入时间序列的理念。事实上，工作-家庭增益的发生无论是通过工具性路径还是通过情感性路径，都是动态的变化过程，这是因为，资源的积累是动态的过程，积极情感的产生又依赖于资源的产生，同样也是动态过程。而且，目前已有学者开始尝试从动态的视角解析工作家庭间的互动关系（Chen et al.，2014）。因而，未来学者应尝试动态视角，即在时间序列上进一步探讨工作-家庭增益的相关问题

二是探究更为丰富的工作-家庭增益的前因变量和调节机制。本书研究表明感知的组织家庭支持这类主观性、非正式的因素确是工作-家庭增益实现的重要影响因素，但这远远不够，还应继续探索这类工作-家庭增益的前因变量；工作-家庭分割的调节作用被本书验证，尽管弥补了工作-家庭增益在调节机制研究方面的不足，但应继续探索除这一因素之外的其他调节变量，尤其是能够代表员工个体特征因素的调节变量。

三是同时考虑工作-家庭冲突和工作-家庭增益。尽管学者们日益将研究的重点由工作-家庭冲突转为工作-家庭增益，但这并不意味着在现实中，工作-家庭冲突是不存在的，相反，工作-家庭冲突和工作-家庭增益并存。因此，学者们应尝试同时探讨工作-家庭冲突和工作-家庭增益，以探讨二者之间的具体关系，进而能够为企业同时制定减少工作-家庭冲突和增加工作-家庭增益的管理措施提供思路参考和借鉴。

主要参考文献

[1] 宝贡敏，刘枭. 感知组织支持的多维度构思模型研究 [J]. 科研管理，2011，32（2）：160–168.

[2] 高正亮，童辉杰. 积极情绪的作用：拓展–建构理论 [J]. 中国健康心理学杂志，2010，18（2）：246–249.

[3] 林忠，鞠蕾，陈丽. 工作–家庭冲突研究与中国议题：视角、内容和设计 [J]. 管理世界，2013（9）：154–171.

[4] 林忠，孟德芳，鞠蕾. 工作–家庭增益方格模型构建研究 [J]. 中国工业经济，2015（4）：97–109.

[5] 李爱梅，王笑天，熊冠星，等. 工作影响员工幸福体验的"双路径模型"——基于工作要求–资源模型的视角 [J]. 心理学报，2015，47（5）：624–636.

[6] 马丽，杨春江. 科研人员的工作家庭匹配和平衡研究——基于个人–环境匹配的视角 [J]. 中国人力资源开发，2013（7）：10–16.

[7] 马丽，徐枞巍. 基于个人–环境匹配理论的边界管理与工作家庭界面研究 [J]. 南开管理评论，2011（5）：41–47.

[8] 李永鑫，赵娜. 工作–家庭支持的结构与测量及其调节作用 [J]. 心理学报，2009，41（9）：863–874.

[9] 李原. 工作家庭的冲突与平衡：工作–家庭边界理论的视角 [J]. 社会科学

战线，2013（2）：180-188.

[10] 金家飞，徐姗，王艳霞. 角色压力、工作家庭冲突和心理抑郁的中美比较——社会支持的调节作用［J］. 心理学报，2014，46（8）：1141-1160.

[11] 卢军静，马力. 资源跨角色流动视角下员工工作家庭增益关系探究［J］. 领导科学，2013（35）：45-47.

[12] 马红宇，申传刚，杨璟，等. 边界弹性与工作-家庭冲突、增益的关系：基于人-环境匹配的视角［J］. 心理学报，2014（4）：540-551.

[13] 吴明隆. 结构方程模型——AMOS的操作与应用［M］. 重庆：重庆大学出版社，2010.

[14] 严标宾，罗海洋，林知. 工作-家庭促进研究进展——基于积极工作家庭界面的视角［J］. 经济管理研究，2013（4）：54-60.

[15] 闫淑敏，步兴辉. 员工自我效能感与主观幸福感的关系研究——工作-家庭增益的中介作用［J］. 经济管理研究，2015（4）：35-41.

[16] 闫淑敏，金玥莲，陈颖. 女性知识型员工角色资源与工作-家庭增益的关系研究［J］. 预测，2013（6）：51-55.

[17] 杨洁，战冬梅，战梦霞. 基于社会支持的自我效能感与工作家庭冲突和增益研究［J］. 贵州财经学院学报，2012（1）：76-82.

[18] 赵简，孙健敏，张西超. 工作要求-资源、心理资本对工作家庭关系的影响［J］. 心理科学，2013，36（1）：170-174.

[19] 张莉，林与川，于超跃，等. 支持资源作用下的工作-家庭促进：情感倾向的调节作用［J］. 管理学报，2012，9（3）：388-395.

[20] 张伶，陈艳，聂婷. 工作-家庭促进对心理授权与工作抑郁内在关系的中介效应检验［J］. 华南师范大学学报：社会科学版，2013（1）：64-69.

[21] 张伶，聂婷，连智华. 高新技术企业员工职业特征对满意度影响的实证研究——以家庭亲善文化与员工工作-家庭促进为视角［J］. 科学学与科学技术管理，2012（12）：136-143.

[22] 张宁俊，袁梦莎，兰海. 工作家庭间跨界增益：逻辑主线与模型［J］. 心理科学，2015，38（2）：500-505.

[23] 赵简，孙健敏，张西超. 工作要求-资源、心理资本对工作家庭关系的影响［J］. 心理科学，2013（36）：170-174.

[24] ARYEE S, CHRIS W L C, KIM T Y, et al. Family-supportive work environment and employee work behaviors: An investigation of mediating mechanisms［J］. Journal of Management, 2013, 39（3）: 792-813.

[25] BARGER P, GRANDEY A. Service with a smile and encounter

satisfaction: Emotional contagion and appraisal mechanisms [J]. Academy of Management Journal, 2006, 49 (6): 1229-1238.

[26] Barnett R C.Toward a review and reconceptualization of the work/family literature [J]. Genetic, Social, and General Psychology Monographs. 2009, 124 (2): 125-182.

[27] BARSADE S G. The ripple effect: Emotional contagion and its influence on group behavior [J]. Administrative Science Quarterly, 2002, 47 (4): 644-675.

[28] BARSADE S G, GIBSON D E. Why does affect in organizations? [J]. Academy of Management Perspectives, 2007, 21 (1): 36-59.

[29] BRANDES P, DHARWADKAR R, WHEATLEY K.Social exchanges within organizations and work outcomes: The importance of local and global relationships [J]. Group and Organization Management, 2004, 299 (3): 276 - 301.

[30] BROUGH P, O'DRISCOLL M P, KALLIATH T J. The ability of "family friendly" organizational resources to predict work-family conflict and job and family satisfaction [J]. Stress and Health, 2005, 21: 223-234.

[31] BUTLER A B, GRZYWACZ J G, BASS B L, et al. Extending the demands-control model: a daily diary study of job characteristics, work-family conflict and work-family facilitation [J]. Journal of Occupational and Organizational Psychology, 2005, 78: 155-169.

[32] CARLSON D S. Personality and role variables as predictors of three forms of work - family conflict [J]. Journal of Vocational Behavior, 1999, 55: 236-253.

[33] CARLSON D S, KACMAR K M, Wayne H, et al. Measuring the positive side of the work-family interface: Development and validation of a work-family enrichment scale [J]. Journal of Vocational Behavior, 2006, 68: 131-164.

[34] CHEN Z, POWELL G N, GREENHAUS J H. Work-to-family conflict, positive spillover, and boundary management: A person-environment fit approach [J]. Journal of Vocational Behavior, 2009, 74, 82-93.

[35] CHEN Z X, ARYEE S, LEE C. Test of a mediation model of perceived organizational support [J]. Journal of Vocational Behavior, 2005, 66: 457-470.

[36] CHEN Z, POWELL G N. No pain, no gain? A resource-based model of

work - to - family enrichment and conflict [J]. Journal of Vocational Behavior, 2012, 81: 89-98.

[37] CLARK S C. Employees sense of community, sense of control, and work/family conflict in Native American organizations [J]. Journal of Vocational Behavior, 2002 (61): 92-108.

[38] CROPANZANO R, WRIGHT T A. When a happy worker is really a "productive" worker: A review and further refinement of the happy-productive worker thesis [J]. Consulting Psychology Journal: Practice and Research, 2001, 53 (3): 182-199.

[39] EISENBERGER R, SINGLHAMBER F, VANDENBERGHE C, et al. Perceived supervisor support: Contributions to perceive support and employee retention [J]. Journal of Applied Psychology, 2002, 87: 565-573.

[40] FIKSENBAUM L M. Supportive work-family environments: implications for work-family conflict and well-being [J]. The International Journai of Human Resources Management, 2014, 25 (5): 653-672.

[41] FORD M T, HEINEN B A, LANGKAMER K L. Work and family satisfaction and conflict: A meta-analysis of cross-domain relations [J]. Journal of Applied Psychology, 2007, 91: 57-80.

[42] GLAVELI N, KARASSAVIDOU E, ZAFIROPOULOS K. Relationships among three facets of family-supportive work environment, work-family conflict and job satisfaction: a research in Greece [J]. The International Journal of Human Resources Management, 2013, 24 (20): 3757-3771.

[43] GREENHAUS J H, POWELL G N. When work and family are allies: A theory of work - family enrichment [J]. Academy of Management Review, 2006, 31 (1): 72-92.

[44] GREEN M, DECOURVILLE N, SADAVA S. Positive affect, negative affect, stress and social support as mediators of the forgiveness-health relationship [J]. The Journal of Social Psychology, 2012, 152 (3): 200-208.

[45] GREENHAUS J H, COLLINS K M, SHAW J D. The relation between work – family balance and quality of life [J]. Journal of Vocational Behavior, 2003, 63 (3): 510-531.

[46] HUNTER E M, PERRY S J, CARLSON D S, et al. Linking team

resources to work-family enrichment and satisfaction ［J］. Academy of Management Annual Meeting Proceedings，2010，2：1-6.

［47］ ISEN A M. An influence of positive affect on decision making in complex situations：Theoretical issues with practical implications ［J］. Journal of Consumer Psychology，2001，11（2）：75-85.

［48］ JAHN E W，THOMPSON C A，KOPELMAN R E. Rationale and construct validity evidence for a measures of perceived organizational family support：because purported practices may not reflect reality ［J］. Community，Work & Family，2003，6（2）：123-141.

［49］ JAMES K，BRODERSEN M，JACOB E. Workplace affect and workplace creativity：A review and preliminary model ［J］. Human Performance，2004，17（2）：169-194.

［50］ KIRCHMEYER C. Managing the work-nonwork boundary：An assessment of organizational responses ［J］. Human Relations，1995，48：513-536.

［51］ KOSSEK E E，LAUTSCH B A，EATON S C. Telecommuting，control，and boundary management：Correlates of policy use and practice，job control and work - family effectiveness ［J］. Journal of Vocational Behavior，2006，68：347- 367.

［52］ KOSSEK E E，PICHLER S，BODNER T，et al. Workplace social support and work-family conflict：A meta-analysis clarifying the influence of general and work - family specific supervisor and organizational support ［J］. Personnel Psychology，2011，64：289-313.

［53］ KREINER G E. Consequences of work-home segmentation or integration：A person - environment fit perspective ［J］. Journal of Organizational Behavior，2006，27：485-507.

［54］ KRISTIN M P，PERRONE M G，STEPHEN L W，et al. Contextual influences on work and family roles：Gender，culture and socioeconomic factors ［J］. The Caree Development Quarterly，2014，62：21-29.

［55］ LAMBERT S J. Added benefits：The link between work - life benefits and organizational citizenship behavior ［J］. Academy of Management Journal，2000，43：801-815.

［56］ LINGARD H C，FRANCIS V，TURENER M. Work-family enrichment in the Australian construction industry：Implications for job - design ［J］. Construction Management and Economics，2010，28（5）：467-480.

［57］ NOHE C，MICHEL A，SONNTAG K. Family - work conflict and job performance: A diary study of boundary conditions and mechanisms [J]. Journal of Organizational Behavior, 2014, 35: 339-357.

[58] RAU B L, HYLAND M M. Role conflict and flexible work arrangements: The effects on applicant attraction [J]. Personnel Psychology, 2002, 55: 111-136.

[59] SAMANTHA C P, JONATHON R B. Examing the influence of climate, supervisor guidance, and behavioral integrity on work-family conflict: A demands and resources approach [J]. Journal of Organizational Behavior, 2014, 35: 447-463.

[60] SPELL C S, ARNOLD T. An appraisal perspective of justice, structure, and job control as antecedents of psychological distress [J]. Journal of Organizational Behavior, 2007, 28 (6): 729-751.

[61] THOMPSON G A, BEAUVAIS L L, LYNESS K S.When work - family benefits are not enough: The influence of work-family culture on benefit utilization, organizational attachment, and work - family conflict [J]. Journal of Vocational Behavior, 1999, 54: 392-415.

[62] THOMPSON C A, JAHN E W, KOPELMAN R E, et al. Perceived Organizational Family Support: A longitudinal and multilevel analysis [J]. Journal of Managerial Issues, 2004 (3): 545-565.

[63] WAYNE J H, MUSISCA N, FLEESON W. Considering the role of personality in the work-family experience: Relationships of the Big Five to work - family conflict and enrichment [J]. Journal of Vocational Behavior, 2004, 64: 108-130.

[64] WAYNE J H, MATTHEWS R A, CASPER W, et al. Family-supportive organization perceptions and organizational commitment: The mediating role of work-family conflict and enrichment and partner attitudes [J]. Journal of Applied Psychology, 2013, 98 (4): 606-622.

[65] WETHINGTON E, KESSLER R C. Perceived support, received support, and adjustment to stressful life events [J]. Journal of Health and Social Behavior, 1986, 27: 78-89.

[66] WINKEL D E, CLAYTON R W.Transitioning between work and family roles as a function of boundary flexibility and role salience [J]. Journal of Vocational Behavior, 2010, 76: 336-343.

[67] YANG N, CHEN C C, CHOI J, et al. Sources of work-family conflict: A sino- U.S. comparison of the effects of work and family demands

[J]. Academy of Management Journal, 2000, 43 (1): 113-123.

[68] ZHU Y, LI D. Negative spillover impact of perceptions of organizational politics on work - family conflict in China [J]. Social Behavior and Personality, 2015, 43 (5): 705-714.

关键词索引